다시 십자가 앞에

다시 십자가 앞에

지은이 | 이상화
발행일 | 초판 2024년 3월 22일
등록 | 2001.05.02.(제 4-423)
등록된 곳 | 서울시 마포구 월드컵로8길 45-8, 3층 3233호(서교동)
발행처 | 소그룹하우스
발행인 | 이상화
편집 | 김태연
교열·교정 | 양석원
표지디자인 | 바룸디자인
내지디자인 | 김건일
영업부 | 070-7578-2957
총판 | 국제제자훈련원(02-3489-4300)
값 : 13,000원
ⓒ도서출판 소그룹하우스 2005
ISBN 978-89-91586-28-4 (03230)

한국소그룹목회연구원
한국소그룹목회연구원은 한국 교회가 건강한 소그룹을 통하여 건강하고
균형잡힌 교회를 이룰 수 있도록 돕는 소그룹 사역 전문기관입니다.

소그룹하우스
소그룹하우스는 건강한 소그룹을 통해 건강한 교회를 이루고자 하는 모
든 교회들이 필요로하는 소그룹 소프트웨어와 자료들을 공급하기 위해
설립되었습니다.

다시 십자가 앞에

이 상 화

소그룹하우스

그래서 '다시 십자가'입니다.

| 목 차 |

| 서문 |

주님이 십자가에 달리실 때 갈보리 언덕에는 세 개의 십자가가 있었습니다.

한가운데 주님이 달리신 십자가를 중심으로 양쪽에 흉악한 범죄를 저지른 강도들이 십자가에 매달렸습니다. 이때 달린 강도 중 하나는 "비방하여 이르되 네가 그리스도가 아니냐? 너와 우리를 구원하라"(누가복음 23:39)라고 죽음의 순간이 임박했음에도 전혀 뉘우침 없이 같은 고통을 당하고 있는 주님을 향해 비난을 퍼붓습니다. 죽음을 목전에 둔 상황에서까지 타인을 향해 비난을 퍼붓는 강도의 모습을 통해 인간의 잔혹한 본성을 봅니다.

그런데 가만히 묵상해 보면 이 강도의 모습이 바로 나에게도 있음을 인정할 수밖에 없습니다. 순간순간 심각한 죄 속에 빠져 허우적거리는 뻔뻔한 존재가 바로 나입니다. 하나님의 기준에서 볼 때 내가 너무나도 큰 죄인이라는 사실과 근본적인 변화를 받아야 할 존재라는 사실을 받아들일 수밖에 없습니다. 그러므로 우리는 날마다 십자가 앞에 나의 존재 자체를 데려다 놓고 십자가를 바라보면서 죄 없으신 예수 그리스도를 십자가에 매달고 비난한 자가 "바로 나다"라고 고백해야 한다는 사실을 깨닫습니다. 더 나아가 예수님이 이런 나를 위해 십자가에 달려 죽으셨다는 사실을 입으로 고백하며 실존적으로 깊이 인식하고, 십자가 때문에 괴로워하고, 십자가 때문에 눈물을 흘리고, 십자가 때문에 경건 생활에 집중하고, 십자가 때문에 깊은 기도의 자리로 나아오고, 십자가 때문에 예수님을 부둥켜안고 희생하고 섬기며 사는 근본적인 변화가 내 안에 부단히 일어나야 하는 것을 깨닫습니다.

생명의 말씀인 성경은 죄인 된 우리가 하나님께서 인정하실만한 의로운 사람이 되어 구원받고 영생을 얻는 길은 단 한 가지밖에 없다고 밝힙니다. 바로 갈보리 언덕 위에 세워진 십자가에 달리신 예수님, 그 십자가에서 자신의 의를 나에게 넘겨주신 예수님, 자기는 죄인이 되고 우리를 의인으로 만드신 예수님을 믿는 길입니다. 이 사실을 믿을 때 십자가의 은혜로 날마다 죄짓는 방향으로 마음과 발걸음을 옮길 수밖에 없는 죄성으로 가득 찬 내가 하나님 자녀가 되는 구원의 기적을 경험하게 된다는 것입니다.

죄 없으신 하나님의 아들 예수 그리스도, 우리 주님이

달리신 십자가는 인간의 표현방식으로는 도저히 표현할 수 없는 하나님의 은혜입니다. 십자가를 바라볼 때 예수님이 스스로 죄인의 자리에 서시며, 예수님이 가지셨던 의를 넘겨주신 것을 깨닫습니다. 예수님의 십자가를 통해 우리의 신분이 죄인에서 의인으로 바뀌는 기적이 일어난 것을 생각할 때마다 감사가 넘칩니다. 모태신앙이냐 갓 믿었느냐, 가난하냐 부하냐, 지식이 많으냐 적으냐, 좀 더 선하냐 악하냐를 전혀 따지지 않으시고 갈보리에 서 있는 십자가를 믿음으로 바라보는 사람은 무조건 그 따뜻한 품에 안아주시고 받아 주신다는 진리를 묵상할 때마다 온 마음에 기쁨이 번져갑니다.

그런데 가만히 보면 성도들 가운데 분명히 믿음으로 신앙고백을 하고 머리 속에 구원의 지식은 가지고 있지만, 가슴이 뜨거워지도록 그 은혜에 감격하는 사람이 그렇게 많지 않은 것 같습니다. 만약에 못에 찔린, 피 묻은 손과 발로 우리를 의인으로 만드신 예수 그리스도의 은혜 앞에 눈물 한 방울 흘리지 못하는 사람이면 그 사람의 가슴은 돌덩어리일 것입니다. 십자가의 은혜 앞에 내 가슴의 뜨거운 사랑을 바치겠다는 고백이 없다면 그 사람은 중생 받은 심령이 아닐 가능성이 큽니다. 하나님의 아들이신 예수님이 십자가에서 흘려주신 보혈의 은혜만이 죄를 이길 능력도 없고, 죄를 씻어낼 능력도 없고, 죄에 대하여 전적으로 무기력한 나를 전능하신 하나님의 보좌 앞으로 당당히 나갈 수 있도록 만듭니다. 예수님의 십자가는 어떤 어려움과 고통의 상황에 처해 있다고 하더라도 다시 일어설 힘을 줍니다.

 그래서 '다시 십자가'입니다.

 그동안 십자가를 묵상하며 나누었던 말씀을 글로 정리해 보았습니다. 거친 말씀이 좀 더 매끄러운 원고가 되고 책으로 묶여 나올 수 있도록 수고해 준 동역자들께 깊은 감사를 드립니다. 그리스도의 십자가를 바라볼 때 성령께서 다시 한번 죄에 대한 선명한 각성과 어느 순간 사라져버린 하나님의 크신 은혜를 회복하며 새날을 살아갈 힘을 얻게 되기를 간절히 바랍니다.

2024년 고난주간을 앞두고
잔다리로 목양실에서
글쓴이 이상화

Part 1

십자가의 은혜

1

십자가를 바라볼 때 깨닫는 진리

- 누가복음 23:32~43 -

32또 다른 두 행악자도 사형을 받게 되어 예수와 함께 끌려 가니라 33해 골이라 하는 곳에 이르러 거기서 예수를 십자가에 못 박고 두 행악자도 그렇게 하니 하나는 우편에, 하나는 좌편에 있더라 34이에 예수께서 이르시되 아버지 저들을 사하여 주옵소서 자기들이 하는 것을 알지 못함 이니이다 하시더라 그들이 그의 옷을 나눠 제비 뽑을새 35백성은 서서 구경하는데 관리들은 비웃어 이르되 저가 남을 구원하였으니 만일 하 나님이 택하신 자 그리스도이면 자신도 구원할지어다 하고 36군인들도 희롱하면서 나아와 신 포도주를 주며 37이르되 네가 만일 유대인의 왕이 면 네가 너를 구원하라 하더라 38그의 위에 이는 유대인의 왕이라 쓴 패 가 있더라 39달린 행악자 중 하나는 비방하여 이르되 네가 그리스도가 아니냐 너와 우리를 구원하라 하되 40하나는 그 사람을 꾸짖어 이르되 네가 동일한 정죄를 받고서도 하나님을 두려워하지 아니하느냐 41우리 는 우리가 행한 일에 상당한 보응을 받는 것이니 이에 당연하거니와 이 사람이 행한 것은 옳지 않은 것이 없느니라 하고 42이르되 예수여 당신 의 나라에 임하실 때에 나를 기억하소서 하니 43예수께서 이르시되 내가 진실로 네게 이르노니 오늘 네가 나와 함께 낙원에 있으리라 하시니라

갈보리 언덕에 세워진 십자가

고난주일은 주님이 우리의 구원을 위해 고난 당하시고 십자가에 못 박혀 죽으신 역사적 사건을 깊이 묵상하고, 우리 삶에 그 진리를 적용하기로 결단하는 주일입니다. 주님의 교회와 성도들은 고난주일부터 다음 주일 부활절까지 한 주간을 가장 의미 있고 중요한 시간으로 보냈습니다. 이 한 주간이 없다면 죄에서의 구원도, 부활의 영광을 바라며 영원한 천국을 사모할 수 있는 그리스도인만이 가질 수 있는 특권도, 전혀 존재할 수 없기 때문입니다.

오늘 말씀은 고난주간에 일어났던 극적인 장면 중에 한 장면입니다. 바로 예수님과 양옆에 두 행악자(강도)가 함께 십자가에서 처형당하는 장면입니다. 이것은 고난의 종 메시아에 대해서 예언한 이사야 53장과 시편 22편에 예언된 말씀이 그대로 성취된 것을 보여 줍니다. 이사야 선지자는 이사야 53장에서 메시아이신 예수 그리스도가 우리의 허물과 죄 때문에 상하고 찔릴 것이며, 우리의 모든 죄악을 홀로 담당하게 되실 것이라고 예언합니다. 시편 22편 또한 메시아가 사람과 하나님으로부터 버림을 당할 것이며, 사람들의 훼방 거리요 백성들의 조롱거리가 되어 십자가에 매달려 수족이 못에 박힌 채 죽게 될 것과 그의 겉옷과 속옷이 제비 뽑혀 나누어질 것을 예언합니다.

성경은 세 개의 십자가가 서 있는 이 언덕을 갈보리(Calvary)라고 소개하기도 하고 골고다(Golgotha)라고 일컫기도 합니다. 갈보리는 라틴어이고 골고다는 아람어로 '굴굴타'라는 명칭을 헬라어로 음역한 것입니다. 두 단어는 모두 '해골'이라는 의미를 가지고 있습니다. 멀리서 이 갈보리 언덕, 골고다 언덕을 바라볼 때 그 언덕이 해골의 모양처럼 보이기 때문에 '해골 언덕'으로 부르는 것으로 추정하고 있습니다. '갈보리교회'라는 명칭은 사실 '해골교회'라는 의미입니다.

이 갈보리 언덕에 세워진 세 개의 십자가를 한 번 마음속에 그려보십시오. 이 십자가를 마음속에 떠올릴 때 어떤 마음이 드십니까? 우리가 하나님의 자녀라면 갈보리 언덕에 세워진 세 개의 십자가를 묵상하고 바라볼 때마다 적어도 두 가지 의미를 깨달아야 합니다.

나 때문에 예수님께서 십자가에 달리셨습니다.

첫째, 우리는 용서 받을 수 없는 죄의 본성을 가진 부패한 죄인입니다. 오늘 말씀은 두 행악자도 함께 십자가에 달렸다고 기록하고 있습니다. 본문을 기록한 누가는 예수님과 같이 십자가 처형을 받게 된 사람을 '행악자'라고만 언급하고 있지만, 마태복음 27장과 마가복음 15장을 보면 이 두 사람은 강도였다는 것을 알 수 있습니다. 초대교회 때부터 내려오는 전설에 의하면 이 두 사람은 가까운 친척이었다고 합니다. 아마도 어렸을 때부터 한동네에 살면서 가까이 지냈을 것입니다. 그런데 생활이 어려웠는지 둘은 한 팀이 되어 사람을 죽이며 강도짓을 했습니다. 어느 날 이 두 강도는 체포되었고, 악한 짓을 너무 많이 했기 때문에 그 당시에 가장 무서운 형벌이었던 십자가 사형을 선고받습니다. 세상 법정에서 구제 불능이라는 판단을 받은 사람들이 예수님의 십자가 양옆에 달린 것입니다.

"달린 행악자 중 하나는 비방하여 이르되 네가 그리스도가 아니냐 너와 우리를 구원하라 하되"(눅23:39)

그런데 두 강도는 죽음의 순간이 임박해 있는 상황임에도 전혀 뉘우침이 없습니다. 무엇이 그리 당당한지 같은 고통을 당하고 있는 주님을 향해 조롱과 비난의 태도로 일관합니다. 자신의 잘못을 돌아보지 않는 인간의 잔인함과 부패함의 정도가 어디까지인가를 여실히 확인할 수 있습니다.

구약성경 레위기는 하나님 앞에서 범죄한 사람이 죄를 용서받기 위해서는 속죄 제사를 지내야만 한다고 말합니다. 죄를 지은 사람은 자신의 신분과 부유함의 정도에 따라 흠이 없는 수송아지, 숫염소, 암염소, 어린 양을 끌고 옵니다. 그다음 범죄한 사람이 짐승의 머리 위에 자기 손을 얹고 기도합니다. 자신의 모든 잘못과 죄를 고백하면서 그 짐승의 머리에 자신이 지은 죄를 다 얹어 놓는 것입니다. 이것을 '죄의 전가'라고 합니다. 그리고 기도가 끝나면 집에서 자식같이 기르던 그 짐승을 잡습니다. 이때 배를 갈라서 피를 받고, 내장의 기름을 제거하고, 장기들을 들어내는 과정을 거치게 됩니다. 속죄제는 자신의 죄 때문에 아무 죄도 없는 짐승이 참혹하게 죽어가는 것을 지켜보면서 자신의 죄가 얼마나 크고 비참한지 깨닫게 하는 것입니다.

그런데 갈보리 언덕에서 예수 그리스도가 바로 이 속죄 제물이 되셔서 참혹한 십자가에 달려 죽어가고 있는 것입니다. 누구의 죄 때문입니까? 바로 비난을 퍼붓고 조롱하고 있는 그 강도의 죄 때문입니다. 그가 저질렀던 모든 죄를 예수님께서 뒤집어쓰시고 죽어 가시는 것입니다. 그런데 이 한편의 강도는 전혀 이 진리를 깨닫지 못하고 있습니다. 참으로 답답하기 짝이 없는 상황입니다.

여러분! 이 흉악한 강도의 모습 속에서 혹시 나 자신의 모습은 보이지 않습니까? 나 때문에 아무 흠도 없으신 분이 속죄 제물이 되셔서 십자가의 형틀에 달리셨습니다. 그런데 나는 아무 상관이 없는 것처럼 행동합니다. 오히려 조롱하고 비난합니다. 인간은 합리적인 존재가 아닙니다. 본성적으로 모든 상황을 합리화시키는 데 타고난 본성을 가진 존재입니다. 나 대신에 고통의 형벌을 당하시는 주님을 보면서도 전혀 마음에 찔림이 없는 무감각한 나의 모습을 보십시오. 내가 바로 죄인 중의 우두머리요, 용서받을 수 없는 죄인이요, 살 가치가 없는 무서운 죄인입니다. 그럼에도 십자가 앞에서 끝까지 자신을 합리화하고 발뺌하는 나의 모습을 발견합니다.

죄 이야기가 나오고, 죄인이라는 말이 반복되니 마음이 무겁고 거북하십니까? 우리는 한 주간 동안 세상에서 고통받고 마음에 눈물을 흘리면서 살다가 교회에 와서 위로받고 치유 받고 싶기에 죄라는 주제는 피하고 싶습니다. 성경에 기록된 축복의 말씀들만 가지고 말씀을 나누어도 시간이 부족한데 죄, 죄인이라는 주제를 다루는 것이 결코 좋아 보이지도 않는 느낌입니다.

그러나 오늘날 개혁교회의 신학적 토대를 세운 칼빈은 '기독교강요 2권'에서 이렇게 말합니다. "사람이 마땅히 가져야 할 지식은 반복적으로 자기 자신의 능력이 결핍되고 부패 되었고, 완전히 죄로 오염되었다는 것을 겸손하게 인정하는 지식이다. 그리고 바른 교회는 인간의 선함에 관해서 이야기하는 것이 아니라 얼마나 선함이 없고 죄악 덩어리인지를 예리하게 말하는 공동체이다. 그러므로 한 성도의 영적인 성숙도는 죄를 아는 지식과 비례한다." 이 세상에서 어느 공동체가 우리가 가진 죄의 심각성에 대해서 그리고 인간은 죄인이라고 정확하게 말할 수 있겠습니까? 주님의 교회 밖에는 정확하게 말할 수 없습니다. 우리의 모든 죄를 감당하시는 그리스도의 십자가를 믿음으로 바라보는 주님의 교회만이 죄의 심각성을 고발할 수 있습니다.

그러므로 오늘 우리가 갈보리 언덕 위의 십자가를 바라보면서 깨달아야 할 것은 바로 이것입니다. 우리가 얼마나 심각한 죄인인가를 가슴 아파하며 정면으로 응시하고 정확하게 각성하는 것입니다.

이런 이야기를 하면 마음속으로 혹시 이런 생각을 하시는 분이 있습니까? "목사님, 아무리 그러셔도 저는 그렇게 심각한 죄인이 아닙니다. 그래도 저는 다른 사람들보다 양심적입니다. 양심의 가책을 받을 때가 아주 드물게 있지만 다른 사람에게 피해를 준 적도 없습니다. 법을 어긴 적도 없습니다. 그래서 사람들이 저보고 법 없이도 살 사람이라고 칭찬합니다." 이런 분들은 죄의 기준이 잘못된 것입니다. 우리의 기준은 우리가 믿는 하나님입니다. 완전하신 하나님을 기준으로 내가 선한가, 악한가를 따져야 합니다. 내 주변에 있는 사람과 비교해서는 안 됩니다.

톨스토이의 작품 중에 '돌과 두 여인'이라는 책이 있습니다. 어느 노인에게 두 여인이 찾아왔습니다. 한 여인은 자기는 큰 죄를 지은 죄인이라며 하염없는 눈물을 흘렸고, 또 한 여인은 자기는 일생 이렇다 할 큰 죄는 짓지 않았지만 자질구레한 잘못은 많다고 고백했습니다. 노인은 큰 죄를 지었다고 하는 여인을 향해서 "당신은 당신이 들 수 있는 가장 큰 돌덩이를 가져오시오."라고 말했습니다. 자질구레한 잘못이 있다고 대답한 여인을 향해서는 "잔 돌멩이를 치마폭에 가득 주워 오시오."라고 말했습니다. 한참 후에 한 여인은 커다란 바윗돌을 낑낑거리며 옮겨 왔습니다. 또 다른 여인은 새알만 한 자갈돌을 치마폭 가득 주워 왔습니다. 그 모습을 보고 노인이 또 이렇게 말했습니다. "미안하지만 이번에는 그 돌멩이들을 제 자리에 갖다 놓고 오시오" 큰 바윗돌을 가져온 여인은 다시 낑낑거리면서 바윗돌을 제 자리에 갖다 놓고 돌아왔습니다. 어디서 가져온 것인지를 분명히 알고 있었기 때문입니다. 그러나 새알만 한 자갈돌을 치마폭에 가득히 주워온 여인은 어찌할 바를 몰라 쩔쩔매고 있었습니다. 이때 노인은 그 여인을 향해서 이렇게 말했습니다. "우리들이 살아가면서 죄를 범하고 사는 일이 바로 이와 같습니다. 큰 돌을 가져온 여인은 그 돌을 어디서 가져왔는지 분명히 기억하기 때문에 쉽사리 자리를 찾아 다시 놓고 올 수가 있었지만, 반면에 당신은 가져온 작은 돌이 너무 많아 어디서 주어왔는지 제자리를 기억하지 못해 다시 가져왔지요. 마찬가지로, 큰 돌을 가져온 여인은 자신이 지은 죄를 기억하며 매사에 겸손하게 살면서 타인의 비난이나 양심의 가책을 견디며 살아왔기 때문에 그 죄로부터 조금은 자유로울 수가 있게 되었지요. 그런데 당신은 당신이 생각하기에 지은 죄가 없겠지만, 당신도 모르게 지은 작은 죄들이 아마 수없이 많을 것입니다. 다만 기억하지 못할 뿐이지요. 우리가 살면서 지은 죄가 비록 보잘것없고 하찮은 것일지 모르지만 그러한 죄들을 가볍게 여기고 간과해서는 안 됩니다. 늘 겸손한 마음으로 회개하는 자세가 필요합니다."

일전에 아흔을 넘겨 하나님의 부름을 받은 어느 분의 장례식장을 다녀왔습니다. 빈소에 모인 분들은 우리나라의 역사와 궤를 같이한 긴 인생을 사셨던 분들이었습니다. 그분들과 함께 고인이 걸어왔던 삶의 여정 속에 있었던 공과에 대해서 이런저런 이야기들을 나누었습니다. 그런데 이야기를 나누는 중에 한 분이 이런 말씀을 하셨습니다. "하나님께서 보시기에는 모두가 죄인인데 우리가 무슨 공과를 평가하겠습니까." 갑자기 침묵이 흘렀습니다. 가만히 생각해 보니 그렇습니다. 누구를 놓고 평가하고 폄론할 처지가 아닌 겁니다. 사람들의 눈에는 조금씩 차이가 있을지 모르지만, 하나님의 기준에는 차이가 없습니다. 모두가 죄의 오물통에서 뒹구는 죄인들인 것을 순간적으로 깨달은 것입니다.

과연 거룩하고 의로우신 하나님의 기준에서 인정받을 만한 선을 가진 사람이 있을까요? 아무도 없습니다. 비슷한 사람들끼리 비교하고, 도토리 키재기를 하니, 내가 죄인이라는 사실을 깊이 인식하지 못하고 교만해지는 것입니다. 그래서 그리스도인들은 스스로를 '구원받은 죄인'이라고 부르며 그 정체성을 표현하는 것입니다.

우리는 그리스도의 보혈의 능력으로 구원받은 존재입니다. 그러나 거룩하신 하나님, 완전하신 하나님을 기준으로 했을 때 여전히 '나는 형편없는 죄인'이라는 것을 날마다 고백하며 울 수밖에 없는 존재입니다. 갈보리의 십자가에 달려야 할 악한 죄인은 바로 나라는 사실을 깊이 인식할 필요가 있습니다.

그러므로 고난주일에 갈보리의 십자가를 다시 바라보는 이 자리는 하나님의 기준에서 내가 얼마나 큰 죄인이고 근본적인 변화를 받아야 할 존재인가를 깨닫는 자리입니다. 십자가 앞에 나 자신을 데려다 놓고 그리스도의 십자가를 바라보면서 죄 없으신 예수 그리스도를 십자가에 매단 자는 "바로 나다"라고 고백하는 자리까지 나아가야 합니다. 이런 영적인 체험이 근본적으로 있을 때 비로소 그 믿음이 바른 믿음이 되는 것입니다.

그리스도를 십자가에 달리도록 한 자가 누구입니까? 바로 나입니다. 그러므로 예수님이 나를 위해 십자가에 죽으셨다는 사실을 입으로 고백할 뿐만 아니라 실존적으로 깊이 인식해야 합니다. 그 사실 때문에 괴로워하고, 눈물을 흘리고, 더 경건 생활에 집중하고, 깊은 기도의 자리로 나아가고, 십자가를 부둥켜안고 희생하고 섬기며 사는 근본적인 변화가 우리에게 일어나야 합니다.

죄인이 의인으로 새롭게 되었습니다.

둘째, 하나님의 은혜는 인간의 표현방식으로는 도저히 다 표현할 수 없습니다. 십자가에 달리신 예수님께서 나의 죄를 스스로 짊어지셨습니다. 자신은 스스로 죄인이 되고 그 대신 예수님이 가지셨던 의로움을 나에게 넘겨주셨습니다. 예수님의 십자가를 통해서 우리의 신분이 죄인에서 의인으로 바뀐 것입니다. 주님의 십자가 사건을 통해 하나님께서 추악한 우리를 자녀로 끌어안으시고, 자신의 집으로 우리를 맞아들인 일이 일어난 것입니다. 이 놀라운 은혜 가운데 있는 우리가 외칠 수 있는 탄성은 무엇입니까? 할렐루야!

"하나는 그 사람을 꾸짖어 이르되 네가 동일한 정죄를 받고서도 하나님을 두려워하지 아니하느냐 우리는 우리가 행한 일에 상당한 보응을 받는 것이니 이에 당연하거니와 이 사람이 행한 것은 옳지 않은 것이 없느니라 하고 이르되 예수여 당신의 나라에 임하실 때에 나를 기억하소서 하니"(눅23:40-42)

이 말씀은 하나님의 놀라운 은혜에 대한 증거입니다. 하나님께서는 한 편 강도의 눈을 열어서 예수님의 죄 없으심을 보게 하셨습니다. 이 강도는 자신의 과거를 정확하게 돌아보고, 다른 한편으로 자신이 반드시 걸어가야 할 미래를 영적인 눈으로 내다보면서 진정으로 회개하고 있습니다. 로버트 스미스는 진정한 회개에는 두 가지 특징이 있다고 말합니다. "하나는 지난 과거를 눈물 어린 눈으로 쳐다보는 것이고, 다른 하나는 미래를 조심스러운 눈으로 쳐다보는 것입니다."

42절을 보면 한 편 강도는 진정한 회개와 함께 십자가에 달리신 주님을 향해서 이렇게 기도합니다. "예수여 당신의 나라에 임하실 때에 나를 생각하소서" 언제 하더라도 늦지 않는 것이 회개입니다. 어쩌면 강도는 "아버지여 저들의 죄를 사하여 주옵소서"라고 부르짖는 예수님의 십자가상의 첫 마디를 들으면서 예수님께서 선포하셨던 천국에 대한 소문을 기억해 냈을 수도 있습니다. 그리고 십자가에 못 박히신 예수님의 모습과 자신의 모습을 대조하면서 본질적으로 전혀 다른 차이를 깨달았을 수도 있습니다. 중요한 것은 한 편 강도가 내가 죽음의 문턱에 서 있을지라도 예수님을 믿기만 하면 나의 미래는 소망이 있겠다는 결단을 하게 된 것입니다. 그래서 강도는 외쳤습니다. "당신의 나라에 임하실 때에(들어가실 때에/표준새번역)"나를 생각하소서."

"예수께서 이르시되 내가 진실로 네게 이르노니 오늘 네가 나와 함께 낙원에 있으리라 하시니라"(눅23:43)

생명이 경각에 달린 순간에 기도하는 강도를 향해 예수님께서는 이렇게 응답하셨습니다. 함께 십자가에 달리신 예수님께서 강도의 고백을 들으시고 죄인에서 의인으로 그 신분을 변화시켜 주셨습니다. 죽음이 임박한 강도의 고백조차도 구원에 이르게 하실 수 있는 예수님의 무한한 구속의 능력을 보여 주는 장면입니다. 사도 바울은 이 사건을 이렇게 표현합니다.

"네가 만일 네 입으로 예수를 주로 시인하며 또 하나님께서 그를 죽은 자 가운데 살리신 것을 네 마음에 믿으면 구원을 받으리라 사람이 마음으로 믿어 의에 이르고 입으

로 시인하여 구원에 이르느니라"(로마서 10:9-10)

평생 교회와 사회에 여러 가지로 큰 기여를 했던 사람이 죽어서 천국문 앞에 이르렀습니다. 막 천국문 안으로 들어가려는데 바울이 그 사람을 붙잡습니다. "잠깐만 기다리시오. 이곳을 통과하려면 약간의 절차를 거쳐야 합니다. 복잡한 건 아니고 당신이 일생 살아온 것을 점수로 환산하여 100점이 되어야만 합니다. 그렇지 않으면 이곳에 들어올 수 없습니다. 그러면 이제 점수에 보탬이 될 만한 자신의 이야기를 해보시오." 그 사람은 이렇게 대답합니다. "저는 30년 동안이나 유명한 선교 기관의 지도자였습니다. 그래서 많은 선교사를 해외로 파송하고 후원했습니다." 바울은 "아! 그래요? 정말 대단하군요. 1점입니다." 라고 응답을 합니다. "네? 1점이라고요? 겨우 그것밖에 안 됩니까? 그렇다면 계속하지요. 저는 50년 동안 아주 충실하게 가장 역할을 했습니다. 사회적으로도 아주 존경받는 사업가였습니다. 저가 가는 곳마다 사람들이 행복해했습니다." 그랬더니 바울이 "정말이오? 당신은 매우 훌륭하오. 요즘에는 당신 같은 사람이 매우 드문데... 그러면 이제 2점이 되겠습니다." "아니 2점이라고요? 정말 모를 일이군요." 그 사람의 얼굴이 벌게졌습니다. 그러면서 점수를 좀 더 따볼 요량으로 이야기합니다. "저는 모태신앙으로 태어나서 평생 한 번도 교회에 빠지지 않았습니다. 전도도 많이 했습니다." 바울이 몇 점을 주었을까요? 또 1점을 주었습니다. "모두 3점입니다." 바울의 말에 거의 정신을 잃을 듯 서 있던 사람이 이제는 이렇게 말합니다. "저는 세 곳의 보육원과 두 곳의 양로원을 돕고 있었습니다. 그리고 두 명의 청소년에게 장학금을 후원하여 주고 있었습니다." 바울은 대답합니다. "아주 훌륭한 기독교인이군요. 1점을 더 주어서 이제 총합 4점입니다." 이 말을 듣고 기가 막힌 이 사람이 바닥에 털썩 주저앉아서 한숨을 쉬면서 이렇게 넋두리합니다. "아이고~ 더는 점수에 보탬이 될 만한 얘기가 없는데... 예수님 난 어떡하나요? 난 천국에 들어갈 만한 자격이 못 되나 봅니다. 제발 이 안타까운 상황을 풀어주세요. 이제 예수님밖에 믿을 분이 없습니다. 주님, 제발 나를 도와주십시오." 그때 바울이 이렇게 말합니다. "이제야 당신은 100점을 얻었습니다! 이젠 천국에 들어가도 좋습니다."

"다른 이로써는 구원을 받을 수 없나니 천하 사람 중에 구원을 받을 만한 다른 이름을 우리에게 주신 일이 없음이라 하였더라"(행4:12)

죄인인 우리가 하나님께서 인정하실만한 의로운 사람이

되어 구원받고 영생을 얻는 길은 단 한 가지밖에 없습니다. 갈보리 언덕 위에 세워진 십자가에 달리신 예수님! 그 십자가에서 자신의 의로움을 나에게 넘겨주신 예수님! 자신은 죄인이 되고 우리를 의인으로 만드신 예수님을 믿음으로 우리는 하나님의 자녀가 된 것입니다. 하나님은 예수 그리스도를 나의 주 나의 하나님으로 고백하는 믿음을 보시고 영생을 주시는 것입니다. 모태신앙인지 갓 믿었는지, 가난한지 부한지, 지식이 많은지 적은지, 좀 더 선한지 악한지는 전혀 따지지 않습니다. 갈보리에 서 있는 십자가를 믿음으로 바라보는 사람에게 구원이 임하는 것입니다.

십자가 은혜의 회복

그런데 안타깝게도 분명히 믿음으로 신앙고백을 하고 하나님의 자녀가 된 성도들 가운데 이것이 얼마나 놀랍고 큰 은혜인지 깨닫는 분들이 그렇게 많지를 않습니다. 요즘은 십자가만 보아도 감격하고, 십자가 찬송만 불러도 눈물을 쏟아내는 성도들이 모인 현장들을 만나기가 참 쉽지 않습니다.

못에 찔리셔서 피 묻은 손과 발로 죄인인 우리를 의인으로 만드신 예수 그리스도의 은혜를 아십니까? 십자가 앞에서 눈물 한 방울 흘리지 못하는 사람이라면 그 사람의 가슴은 아무 의식과 감각이 없는 돌덩어리일 것입니다. 십자가를 바라보며 깨달은 은혜 앞에 무릎을 꿇지 못하면 그 무릎은 쇳덩이와 같이 굳어버린 무릎일 것입니다. 이 놀라운 은혜 앞에 내 가슴의 뜨거운 사랑을 바치겠다는 고백이 없다면 그 사람은 중생 받은 심령이 아닐 가능성이 큽니다.

"빈손 들고 앞에가 십자가를 붙드네 의가 없는 자라도 도와주심 바라고 생명샘에 나가니 맘을 씻어 줍소서"(찬송가 494장, 만세반석 열리니 3절)

우리는 죄를 이길 능력도, 씻어낼 능력도 없습니다. 죄에 대하여 전적으로 무기력한 우리를 하나님의 보좌 앞으로 당당히 나갈 수 있도록 만드신 그리스도의 보혈의 은혜를 찬양합니다. 다시 우리를 새롭게 하는 예수님의 그 사랑, 십자가의 놀라운 은혜가 회복되기를 소망합니다.

2

우리는 고난의 수혜자입니다

- 이사야 53:4~6 -

4그는 실로 우리의 질고를 지고 우리의 슬픔을 당하였거늘 우리는 생각하기를 그는 징벌을 받아 하나님께 맞으며 고난을 당한다 하였노라 5그가 찔림은 우리의 허물 때문이요 그가 상함은 우리의 죄악 때문이라 그가 징계를 받으므로 우리는 평화를 누리고 그가 채찍에 맞으므로 우리는 나음을 받았도다 6우리는 다 양 같아서 그릇 행하여 각기 제 길로 갔거늘 여호와께서는 우리 모두의 죄악을 그에게 담당시키셨도다

당신 덕분에 행복합니다.

살다 보면 뜻하지 않게 덕을 보고 은혜를 입는 일이 종종 경험합니다. "살아오면서 덕 본 일은커녕 피 본 일밖에 없다."라고 말할 분들도 있을지 모르겠지만, 정말 기대하지 않았는데 덕을 보고 은혜를 입으면 우리 안에 행복감이 밀려들기 마련입니다.

광주를 갔다가 광주공항에서 오래전에 제자로 수학한 목사님의 덕을 입은 적이 있습니다. 공항에서 택시를 타려고 목적지로 가려 하는데 출근 시간이라 공항 안으로 택시가 들어오지 못하는 상황이었습니다. 택시 승차장에 일반 차량 줄이 늘어 서 있는 것을 보면서 난감해하고 있는데 얼핏 보아도 목사 같아 보이는 분이 와서 이상화 목사님 아니시냐고 물었습니다

저는 의아해하며 나를 어떻게 아는지 물었더니 20년 전 신학대학원 입시 준비모임에서 철학 강의를 했을 때 제 수업을 들었던 학생이라 밝혔습니다. 20년 전보다 제 모습이 너무 달라져서 김포공항에서부터 함께 왔는데 긴가민가하여 말을 못 붙였다고 덧붙였습니다.

그리고 어젯밤에 서울장례식장에 갔다가 지금 광주로 돌아왔는데, 마침 공항주차장에 차를 세워두었으니 목적지까지 데려다주겠다고 말하는 것 아니겠습니까? 그 목사님 덕분에 난감한 상황에서 큰 덕을 톡톡히 보았습니다.

그날 밤, 하루를 정리하면서 가만히 생각해 보니 아침부터 예수님 덕분에 덕 보고 혜택을 받은 일이 너무 많다는 것을 깨달을 수 있었습니다. 조금 더 생각 해보니, 지난 삶의 순간순간에 예수님 덕분에 혜택받고 덕 본 일이 매우 많았다는 사실을 알게 되었습니다. 그 시간과 은혜를 묵상하면서 개인적으로 굉장히 감격스러운 시간을 가졌

습니다.

"감사는 기억을 통해 일어나고, 감사와 감격은 훈련이
다."라는 말이 있습니다. 사랑하는 여러분, "내 인생에 예
수님 덕분에 받은 수혜리스트", 혹은 예수님 덕분에 일어
난 "내 인생의 감사리스트"를 정리해보십시오. 정리의 시
간을 통해 하나님께서 주시는 벅찬 감동을 경험하실 수
있으실 것입니다.

그런데 혹시 '아무리 생각해도 없다. 하나도 없다.'라고
느끼십니까? 신앙생활도 열심히 하고 사역도 열심히 하
는데 이렇게 말하는 분들이 있을 수 있습니다.

"목사님 저는 예수님 믿었어도 별로 혜택받은 게 없어
요. 뭐 땡전 한 푼 생긴 것도 없고요. 일가친척 모두 내가
열심히 교회 다니는 걸 아는데 오히려 하는 일마다 안 풀
리고 사정은 더 어려워졌어요."

또 이런 분도 있었습니다. 자신이 아는 친구는 예수 안
믿고 거의 보살 수준으로 절에 다니는데 하는 일마다 잘
되고 자녀들 공부도 늘 1등만 한다고 합니다. 그러다 보
니 "하나님이 정말 살아계시고 또 세상의 모든 '생과 사

와 화와 복'을 주시는 분이시라면 어떻게 예수 믿는 우리보다 예수 안 믿는 사람을 세상에서 더 잘 되게 하시는가?" 하는 의문이 일어날 수 있습니다.

이런 의문이 조금 더 발전하면 신앙의 깊은 갈등과 의문으로까지도 이어질 수 있습니다. "하나님은 정말 살아계시는가?", "하나님은 정말 능력의 하나님인가?", "기도하면 정말 응답받는가?", "목사님이 특별새벽기도회 나와서 기도하면 기도응답 받는다고 했는데 물론 응답받은 것도 있지만 지금까지 응답받지 못한 것이 훨씬 더 많은데 이것은 도대체 무엇인가?" 그래서 어떤 분들은 "나는 예수 믿어서 덕 보고 혜택받은 것이 아무것도 없다."라고 선언하고 낙심해서 교회를 떠나거나 신앙과 담을 쌓기도 합니다.

그런데 우리가 정말 예수 잘 믿고, 신앙생활 잘하고, 교회를 잘 다니는데 예수님께 받은 혜택이 아무것도 없겠습니까?

여기에 대한 해답을 제시하는 것이 오늘의 본문입니다.

"4.그는 실로 우리의 질고를 지고 우리의 슬픔을 당하였

거늘 우리는 생각하기를 그는 징벌을 받아 하나님께 맞으며 고난을 당한다 하였노라

5.그가 찔림은 우리의 허물 때문이요 그가 상함은 우리의 죄악 때문이라 그가 징계를 받으므로 우리는 평화를 누리고 그가 채찍에 맞으므로 우리는 나음을 받았도다

6.우리는 다 양 같아서 그릇 행하여 각기 제 길로 갔거늘 여호와께서는 우리 모두의 죄악을 그에게 담당시키셨도다" (이사야 53:4~6)

"고난 당하는 여호와의 종의 노래"로 알려진 본문을 제대로 묵상하고 그 뜻을 깨달으면 "예수 믿은 후에 내가 받은 혜택은 아무것도 없다"라는 말은 절대로 할 수가 없습니다. 오히려 "예수 믿고 십자가의 은혜를 받은 최고 수혜자가 바로 나다"라는 고백을 할 수밖에 없습니다.

그러면 말씀을 통해서 깨달을 수 있는 예수 믿고 예수님 덕분에 받은 혜택이 도대체 무엇이 있겠습니까?

죄의 문제를 해결 받은 사람은 늘 기쁨이 넘칩니다.
첫째, 우리의 모든 죄가 근본적으로 씻겨 나가는 혜택을 입었습니다.

말씀에 집중해 보겠습니다. 예수님께서 고난 당하신 이유가 바로 '우리' 때문이라고 반복해서 언급하고 있는 것을 확인할 수 있습니다. 두 구절 속에 반복되는 '우리'라는 인칭대명사를 한 번 헤아려 보십시오. 이 짧은 구절 속에 무려 일곱 번이나 반복됩니다.

'우리의 질고를 지고'
'우리의 슬픔을 당하였거늘'
'우리는 생각하기를'
'우리의 허물 때문이요'
'우리의 죄악 때문이라'
'우리는 평화를 누리고'
'우리는 나음을 받았도다.'

우리, 좀 더 구체적으로 표현하면 예수님께서 나를 위하여 고난 당하시고 십자가를 지셨다는 것입니다. 매년 교회에서 3-4월만 되면 맞이하는 종려 주일과 고난주간을 보낼 때, 우리 마음속에는 감동이 사라진 지 오래입니다. 또 우리 눈에 늘 띄는 것이 십자가이기 때문에 주님이 당하신 고난의 상징인 십자가를 쳐다보아도 그렇게 큰 감동이 없을 수 있습니다. 그러나 십자가를 바라볼 기회가 생길 때마다 깨닫고 회복해야 할 중요한 사실은 내가 얼마나 큰 죄인인가 하는 사실입니다.

우리가 하나님께 찬양을 올려드릴 때 대부분의 가사 속에는 우리 자신이 죄인이라고 고백하는 내용이 들어있습니다. 특히 고난주간에 부르는 찬양은 우리가 얼마나 큰 죄인인가를 강조하는 가사들로 빼곡합니다. "웬말인가 날 위하여"(새찬송가 141장) 찬송 1절에는 "이 벌레 같은 날 위해 큰 해 받으셨나"라는 가사가 기록되어 있습니다. 우리는 이 찬송을 부르면서 하나님 앞에서 우리가 벌레만도 못한 죄인이라고 극단적인 고백을 하고있습니다.

그런데 문제는 찬송은 이렇게 부르면서 우리의 일상(삶)은 이율배반적인 것입니다. 벌레 같은 '나'라는 고백은 간곳없고 누군가 우리의 허물을 지적하거나 우리의 잘못된 것을 비판하면 바로 화를 냅니다. "내가 무엇을 잘못했느냐고, 내가 왜 죄인이냐고…." 찬송은 그렇게 부르지만, 실제의 삶에서는 그 사실을 인정하지 않는 겁니다. 진실로 십자가에 달리신 예수 그리스도 앞에 서면 자신이 어느 정도로 큰 죄인인지 알 수 있습니다. 나의 힘으로는 어찌할 수 없는, 오직 예수님이 십자가에 달려 죽으셔야만 해결될 수 있는 나의 큰 죄가 보이는 겁니다.

성경 속에서 예수님을 제대로 만나고 자신이 죄인인 것

을 깨달은 대표적인 인물은 예수님의 수제자 베드로입니다. 〈누가복음 5장〉을 보면 밤새도록 고기를 잡기 위해 그물을 던졌지만 한 마리도 잡지 못한 채 빈 그물을 정리하고 있는 베드로에게 예수님께서 다가오십니다. 그리고 "깊은 곳으로 가서 그물을 내려 고기를 잡으라!"라고 말씀하십니다. 베드로가 예수님의 명령에 순종한 결과 그물이 찢어질 정도로 고기를 잡았고, 다른 친구들의 배에 채웠을 때 그 배까지 가라앉을 정도로 많았습니다. 베드로는 얼마나 좋았겠습니까? 기뻐서 춤이라도 춰야 할 상황 아닙니까? 그런데 말씀을 보면 베드로는 예수님 앞에 딱 꿇어 엎드려서 이렇게 고백합니다.

"시몬 베드로가 이를 보고 예수의 무릎 아래에 엎드려 이르되 주여 나를 떠나소서 나는 죄인이로소이다 하니"(누가복음 5:8)

참 의아한 장면입니다. 밤새도록 고생만 하고 한 마리의 고기도 잡지 못한 어부가 단 한 번의 그물질에 상상할 수 없는 고기를 잡았는데 이런 행동을 하는 것은 정상적인 반응이 아닙니다. 이 상황이 이해가 가십니까? 성경학자들은 이 의아한 상황을 이렇게 해석합니다. 베드로가 예수님의 말씀에 순종해서 기적을 체험하는 순간 영의 눈이 번쩍 뜨였다는 것입니다. 예수님이 누구이신지, 또 그 앞에 선 자신이 누구인지를 깨닫게 되었다는 것입니다.

예수님 앞에 섰을 때 예수님이 누구신지, 내가 누구인지를 깨달은 베드로의 경험은 오늘날 나에게도 일어날 수 있습니다. 십자가를 보는 순간 성령의 역사로 예수님을 십자가에 못 박은 자신을 보게 되는 것입니다. 자신이 얼마나 엄청난 죄인인지 깨닫고 전율에 휩싸이게 되고 온 마음을 다해 눈물을 흘리면서 '예수 나를 위하여'(새찬송가 144장)의 4절 가사 같은 고백을 올리게 되는 것입니다.

"아름답다 예수여 나의 좋은 친구 예수공로 아니면 영원 형벌 받네 예수여 예수여 나의 죄 위하여 보배피를 흘리니 죄인 받으소서" (새찬송가 144장 4절)

예수 믿고 성령님이 내주하는 성도의 특징은 자신의 죄를 똑똑하고 선명하게 보는 것입니다. 그러므로 내 안에 성령께서 내주하셔서 내가 성령의 임재와 충만함 가운데 사는지 아닌지를 점검할 수 있는 기준이 있습니다. 스스로에게 이런 질문을 한 번 던져 보십시오. "지금까지 살아오는 동안 내 주변에서 나보다 더 악한 사람을 본 적이 있는가?" 어떤 대답이 마음속에 떠오르십니까? "나보다 더 악한 사람 진짜 많습니다. 그 사람 진짜 악질입니다. 내가 지금까지 만났던 사람 가운데 우리 집 안에 누구도 그렇고요, 우리 친구 누구도, 우리 직장과 일터에 누구도, 우리 학교에, 또 우리 교회에, 누구누구도 그래요!" 그러면서 이렇게 자기합리화를 하기도 합니다. "그래도 저는 괜찮은 죄인입니다! 그 사람들보다는 나아요!"

죄인이면 죄인이지 괜찮은 죄인이 어디 있습니까? 여전히 이런 대답을 하신다면 성령의 강력한 임재와 기름부으심 안에 살고 있지 못하는 겁니다. 그러나 "가만히 생각해 보니까 내가 살아가는 삶의 반경 1Km, 아니 10Km, 아니 이 서울, 아니 이 세상에서 가장 큰 죄인이 바로 저입니다. 주여! 나를 떠나소서"라고 고백할 수밖에 없다는 것을 인정한다면, 그 사람은 성령의 기름 부으심 가운데서 사는 사람입니다.

정말 성령의 임재 가운데 십자가를 제대로 보는 영안이 열린 사람은 아무도 자신을 의롭다고 고백할 수 없습니다. 다른 사람의 죄악을 말하기 이전에 오히려 통렬하게 자신의 죄를 깨닫는 역사가 내면세계 속에 일어나기 때문입니다.

우리 스스로 한 번 질문을 던져 보았으면 좋겠습니다. 우리 자신은 어떻습니까? '나는 어떤 죄와도 거리가 멀다'라고 자신 있게 말할 수 있겠습니까? 사도 바울은 이렇게 증언합니다.

"모든 사람이 죄를 범하였으매 하나님의 영광에 이르지 못하더니" (로마서 3:23)

이 세상의 모든 사람이 죄인이라고 하니까 혹시 마음이 좀 언짢으신 분이 있을지 모르겠습니다. 그러나 사도 바울이 이렇게 극단적으로 말하는 이유가 있습니다. 성경이 밝히는 죄의 기준 때문입니다. 사도 요한은 살인의 기준을 이렇게 제시합니다.

"그 형제를 미워하는 자마다 살인하는 자니 살인하는 자마다 영생이 그 속에 거하지 아니하는 것을 너희가 아는 바라" (요한1서 3:15)

전도를 정말 잘하시는 목사님이신 손현보 목사님이 직접 살인을 해야 살인하는 것이 아니고 누군가를 미워하면 살인자라고 밝히는 이 말씀을 근거로 아주 재미있는 이야기를 한 적이 있습니다. 교회 성도들이 사모님을 보고 천

사라고 한답니다. 그런데 그 천사도 열이 나고 뿔이 나면 목사님을 향해서 "밴댕이 속아지 보다도 못한 사람 만나서 내 인생 망치네..."라고 말하면서 자기를 미워한답니다. 그러니까 자기는 이미 그 천사 사모님에게 벌써 수 천 번 죽어서 부활했다는 이야기입니다.

자신도 그렇지 않습니까? 이런 성경적인 기준에서 보면 우리는 그 누구도 의롭다고 주장할 수 없습니다. 우리 모두가 죄인입니다. 그렇다면 죄의 결과는 무엇입니까? 바울은 이렇게 선언합니다.

"죄의 삯은 사망이요 하나님의 은사는 그리스도 예수 우리 주 안에 있는 영생이니라"(로마서 6:23)

예수 그리스도께서 십자가를 지심으로 근본적으로 우리가 어떤 덕을 보고, 어떤 혜택을 입었는지 묵상해 보십시오. 우리는 어떤 힘으로도, 능력으로도, 돈으로도, 명예나 권세로도, 어떤 성공으로도 안 되는 속죄함!!! 죄 씻음의 혜택을 입은 것입니다. 아무리 높은 자리에 있고 돈이 있고, 성공하면 뭐합니까? 숨겨졌던 죄악이 드러나면 모든 것이 끝입니다.

모든 사람은 언젠가는 분명히 하나님의 심판대 앞에 서

게 됩니다. 그때 이 세상 살면서 내가 알고 지었던 죄, 모르고 지었던 죄의 파일들이 낱낱이 하나님 앞에 드러나는 장면을 머릿속에 그려보십시오. 이것을 생각하면 두렵지 않습니까?

그런데 본문 5절을 보면 우리는 자신 있게 그 순간이 전혀 두렵지 않다고 말할 수 있습니다.

"그가 찔림은 우리의 허물 때문이요 그가 상함은 우리의 죄악 때문이라 그가 징계를 받으므로 우리는 평화를 누리고 그가 채찍에 맞으므로 우리는 나음을 받았도다" (이사야 53:5)

주님이 우리의 허물과 죄악 때문에 찔리시고 고난받으시고 십자가를 지셨다고 합니다. 하나님은 그 결과를 이사야 선지자를 통해서 이렇게 선언하십니다.

"여호와께서 말씀하시되 오라 우리가 서로 변론하자 너희의 죄가 주홍 같을지라도 눈과 같이 희어질 것이요 진홍 같이 붉을지라도 양털 같이 희게 되리라" (이사야 1:18)

사도 바울은 이 놀라운 사실에 기초하여 이렇게 고백합

니다.

"그런즉 누구든지 그리스도 안에 있으면 새로운 피조물
이라 이전 것은 지나갔으니 보라 새 것이 되었도다"(고린
도후서 5:17)

주님께서 나를 대신해서 고난을 받으시고 십자가에 달
리심으로 하나님께서 갖고 계신 파일 목록에서 나의 죄와
관련된 내용이 모두 지워져 깨끗하게 되었다는 것입니다.
늘 넘어지고 죄를 짓지만, 십자가의 능력을 의지하고 다
시 십자가 앞에 돌아오면 하나님의 심판대 앞에 섰을 때
낱낱이 죄의 파일들이 공개되는 그 순간을 기쁨으로 기대
하는 존재로 바뀐다는 것입니다.

사도 바울은 로마서 말씀에서 우리 주님이 고난받으심
으로 우리의 죄악을 속죄하신 마지막 결과를 이렇게 밝힙
니다.

"네가 만일 네 입으로 예수를 주로 시인하며 또 하나님
께서 그를 죽은 자 가운데서 살리신 것을 네 마음에 믿으
면 구원을 받으리라 사람이 마음으로 믿어 의에 이르고
입으로 시인하여 구원에 이르느니라" (로마서 10:9~10)

주님이 고난받으심으로 우리가 사는 이 땅의 문제 정도만 해결되고 복을 누리게 된 것이 아닙니다. 주님이 고난받으심으로 죄의 문제가 해결되면서 지옥의 두려움이 사라졌고 천국에서 하나님과 영생할 수 있는 영적 구원의 복을 누리게 되었다는 것입니다. 이 속죄의 은혜를 생각하면 어떻습니까? 잠을 자다가도 벌떡 일어나서 춤을 추고 싶고, 일하거나 차를 타고 가거나 일상 속에 무슨 일을 하든지 얼굴에 웃음이 번질 수밖에 없습니다. 또 세상이 좀 힘들고, 또 주변 사람이 나를 좀 어렵게 하고. 갑작스럽게 주어지는 고통스러운 일을 만나도 빙그레 웃음으로 넘길 수 있는 마음의 여유가 생깁니다. 그러니까 예수 그리스도를 믿는 사람들은 그리스도를 모르는 이들과는 차원이 다른 표정과 생각과 태도를 견지하면서 이 세상을 살 수밖에 없는 것입니다.

주님께 받은 온전한 평화(샬롬과 라파)를 누리십시오.
둘째로, 예수 그리스도를 믿음으로 우리가 받은 두 번째 혜택은 이 땅에서 평화와 나음을 누리는 인생이 된 것입니다.

본문 5절 후반부를 보면 영적으로 구원의 은혜를 입은 우리가 이 땅을 살면서 받게 된 놀라운 은혜가 기록되어 있습니다.

"그가 찔림은 우리의 허물 때문이요 그가 상함은 우리의 죄악 때문이라 그가 징계를 받으므로 우리는 평화를 누리고 그가 채찍에 맞으므로 우리는 나음을 받았도다" (이사야 53:5)

말씀을 자세히 보십시오. 우리 주님이 징계를 받고 채찍에 맞으심으로 우리가 누리게 된 '평화와 나음'이라는 단어는 우리에게 아주 익숙한 히브리어인 '샬롬과 라파'라는 단어입니다. 혼란스러운 세상, 늘 우리의 마음을 불안하게 만드는 문제 많은 세상을 살아도 주님이 대신 징계를 받으심으로 여호와의 샬롬, 즉 온전한 평화의 은혜가 주어졌다는 겁니다.

한 걸음 앞을 내다볼 수 없는 상황 속에서 두려움이 엄습하고, 늘 죽음의 고통 속에서 아픔을 경험할 수밖에 없는 세상이지만 주님이 채찍에 맞으심으로 여호와 라파, 치료하시는 하나님의 은혜가 임해서 내면적 외면적 상처가 회복되고 나음을 입게 되었다는 것입니다.

이런데도 "예수 믿어도 별로 득 본 것 없고 혜택받은 것도 없다"라고 말할 수 있겠습니까? 그럴 수가 없습니다.

이사야 선지자의 말씀을 펼쳐놓고 예수님의 고난과 십자가의 죽으심을 묵상하는 나는 예수님 덕분에 구원받고 샬롬과 라파의 은혜를 입은 최고의 수혜자입니다.

주님의 고난이 나에게 축복이 되었습니다. 주님이 흘리신 눈물과 보혈이 내가 힘든 세상을 용기 있게 살아갈 수 있는 힘이 되었습니다. 주님의 십자가는 세상 사람에게는 미련한 것이지만 나에게는 능력이 되었습니다.

날마다 주님의 은혜를 깊이 묵상해 보십시오.

받은 은혜를 깊이 묵상해 보면, 하나님을 향해 감사하는 나의 모든 생각과 삶의 태도가 "이 정도면 충분하다!"라고 만족할 수 없습니다. 늘 거룩한 불만족을 가질 수밖에 없습니다. 내가 가진 열 개 중에 아홉 개를 하나님 앞에 드리고도 남은 한 개를 더 드리지 못해 늘 하나님 앞에 부끄럽고 죄송할 수밖에 없습니다. 주님의 십자가 은혜를 묵상하면 죽도록 충성하고도 더 충성하지 못해 늘 부끄럽고 죄송한 마음을 가질 수밖에 없습니다. 예배를 향해 더 정성을 쏟지 못한 것 때문에 부끄럽고 죄송한 마음을 금할 수 없습니다. 그래서 십자가를 바라볼 때마다 "저는 무익한 종입니다. 그래서 더 충성하고 싶습니다."라고 고백할 수밖에 없습니다.

주님이 십자가 지심으로 받게 된 놀라운 은혜를 다시 한번 깊이 묵상하고 십자가 보혈의 능력을 경험하며 주님을 향한 헌신을 다짐하기를 주님의 이름으로 축복합니다.

주님의 고난이 나에게 축복이 되었습니다.

3

십자가, 그리고 경건의 능력

- 고린도전서 1:22~24 -

22유대인은 표적을 구하고 헬라인은 지혜를 찾으나 23우리는 십자가에 못 박힌 그리스도를 전하니 유대인에게는 거리끼는 것이요 이방인에게는 미련한 것이로되 24오직 부르심을 받은 자들에게는 유대인이나 헬라인이나 그리스도는 하나님의 능력이요 하나님의 지혜니라

복음 앞에서 뻣뻣한 사람들이 있습니다.

사도 바울이 사역하던 당시에 가장 뻣뻣하고 완고하게 복음을 거부한 두 종류의 사람들이 있었습니다. 바로 유대인과 헬라인들입니다.

본문을 보면 바울이 복음을 전할 때 "유대인은 표적을 구했다."라고 설명하고 있습니다. 이 사람들이 얼마나 표적과 기적에 집착했는가를 확인할 수 있는 증거가 있습니다. 마태복음 12장을 보면 예수님께서 안식일에 손마른 사람을 고치시고, 귀신들려 눈멀고 말 못 하는 사람을 고치시는 기적이 기록되어 있습니다. 그 자리에 유대인의 대표인 바리새인들과 서기관들이 함께 있어 그 놀라운 사건을 경험합니다. 그런데 그 기적을 직접 보았던 사람들이 예수님을 향해서 이렇게 질문합니다.

"그 때에 서기관과 바리새인 중 몇 사람이 말하되 선생님이여 우리에게 표적 보여주시기를 원하나이다" (마태복음 12:38)

기적이 일어나는 현장에 있었으면서도 늘 표적과 기적에 목말라한 사람들이 당시의 유대인들이었습니다. 정상적이고 상식적인 방법을 통해서 밝혀지는 하나님의 계시는 무시하고 초자연적인 방법을 통한 하나님의 섭리만을 기대했던 것입니다. 요즘도 이런 유대인과에 속하는 사람들이 우리 주변에는 흘러넘치고 있습니다.

이런 특징을 가진 유대인들이기에, 그동안 하나님의 아들이라고 자처하는 예수가 십자가에 달려서 고통스러운 죽음을 맞이하는 것을 어떤 시각으로 바라보았겠습니까? 아무 기적도 보이지 못하고 십자가에 매달린 채 죽어가는 그리스도는 그들이 안중에 둘 이유가 전혀 없는 무가치한 존재였습니다. 또 무엇보다도 그들의 삶의 기준인 모세오경에 기록된 "나무에 달린 자는 하나님께 저주 받은 자"(신 21:23)라는 고정관념은 십자가에 달리신 예수 그리스도가 하나님의 저주를 받은 자로 인식되기에 딱 맞앗습니다.

이렇게 유대인의 특징이 기적을 구하는 것이었다면 다른 한 편인 헬라인(그리스인)은 지혜를 사랑하는 것이 특징이었습니다. 서양문명과 문화를 이해하려면 반드시 그리스헬라의 고대철학을 이해해야만 합니다. 고대철학에 관해 공부를 해보면 그들이 얼마나 인간의 합리성과 논리를 추구하는지 모릅니다.

실제로 그리스인들이 얼마나 이론적이고 학구적인가를 쉽게 알 수 있는 책 가운데 니코스 카잔차키스의 "그리스인 조르바"라는 책이 있습니다. 이 책을 본 분들은 쉽게 이해할 것입니다. 자유롭게 감성적인 조르바와 달리 이성적이고 지적인 인물인 '나'의 모습은 이론적인 지혜를 추구하는 헬라인의 특징들을 잘 보여 줍니다.

또 사도행전을 보면 바울이 아데네에서 사역할 때 회당에서는 유대인들과 논쟁하고, 장터에서는 에피쿠로스학파와 스토아철학에 속한 사람들과 만날 때마다 그리스도와 부활에 관해서 변론했다고 기록하고 있습니다.

"회당에서는 유대인과 경건한 사람들과 또 장터에서는

날마다 만나는 사람들과 변론하니 어떤 에피쿠로스와 스토아 철학자들도 바울과 쟁론할새 어떤 사람은 이르되 이 말쟁이가 무슨 말을 하고자 하느냐 하고 어떤 사람은 이르되 이방 신들을 전하는 사람인가보다 하니 이는 바울이 예수와 부활을 전하기 때문이러라" (사도행전 17:17-18)

인간의 경험과 합리적 이해만을 믿었던 헬라인들에게 단 한마디의 변명도 하지 못하고 십자가에서 달려 죽은 그리스도는 미련한 존재로 여겨질 수밖에 없었을 것입니다. 그렇지만 율법학자이기도 하고 철학자이기도 한 사도 바울은 이런 당대의 분위기 속에서도 이렇게 선언합니다.

"내가 자랑할 것은 오직 십자가에 달리신 그리스도밖에 없다! 내가 믿는 기독교의 표상은 오직 십자가다!"

여기서 의문이 생깁니다. 왜 사도 바울은 당대의 사회 분위기와는 전혀 어울리지 않는 그리스도의 십자가를 자랑한다고 했는가? 또 기독교의 보편적 표상이 가장 비참하게 죽은 사형수, 예수의 형틀인 십자가가 되었는가? 입니다.

'쉽게 말하자면 왜 십자가인가?' 입니다. 흥미로운 것은 최근에 한국인들의 종교생활과 의식조사에서도 비기독교인들이 '기독교 하면 생각나는 것'으로 십자가를 1위로 꼽았습니다. 따지고 보면 기독교가 표상으로 삼을 만한 것은 십자가 외에도 많이 있습니다. 아기 예수님이 누우셨던 말구유도 있고, 예수님께서 제자들의 발을 씻기셨던 세숫대야도 있습니다. 혹 그때 허리에 두르신 수건은 어떻습니까? 왕이신 예수님이 겸손하게 섬기셨던 상징으로 최고라는 생각이 듭니다. 또 아리마대 요셉이 마련했던 무덤 입구에서 굴려져 나가 예수님의 부활을 증명했던 돌도 있습니다. 오순절 날 하늘에서 내려온 성령의 상징인 비둘기도 좋을 것 같습니다.

따져보면 어느 것이든 주님이 행하신 사역과 영광을 기억하고 상징하는 것으로 충분하고 적절한 것들로 여겨집니다. 그런데 기독교 신학의 총체적인 기초를 놓았던 바울은 본문 말씀에서 그리스도의 십자가만이 기독교의 본질을 상징하는 것이라고 고백합니다.

"내가 너희 중에서 예수 그리스도와 그가 십자가에 못 박히신 것 외에는 아무 것도 알지 아니하기로 작정하였음이라" (고린도전서 2:2)

"그러나 내게는 우리 주 예수 그리스도의 십자가 외에

결코 자랑할 것이 없으니 그리스도로 말미암아 세상이 나를 대하여 십자가에 못 박히고 내가 또한 세상을 대하여 그러하니라" (갈라디아서 6:14)

'십자가만을 자랑한다'는 바울의 고백은 '십자가만을 기뻐한다'라고 번역할 수 있습니다. 예수 그리스도의 십자가만이 모든 그리스도인의 삶의 목표요, 자랑이요, 기쁨이요, 전부가 된다는 것입니다.

그렇다면 왜 십자가가 기독교의 보편적인 상징이 되고 모든 그리스도인의 유일한 자랑이고 기쁨이 되겠습니까? 이 질문에 대한 해답은 로마서에 있습니다.

"우리가 아직 죄인 되었을 때에 그리스도께서 우리를 위하여 죽으심으로 하나님께서 우리에 대한 자기의 사랑을 확증하셨느니라" (로마서 5:8)

예수 그리스도의 십자가 죽음 때문에 하나님과 단절되어 영원한 저주 속에 있어야 할 우리들이 하나님과 화평하고 화목하게 되었습니다. 또 하나님의 은혜를 얻게 되었고 하나님의 사랑을 만끽하게 되었으며 세상이 도저히 이해할 수 없는 하늘 기쁨과 평안을 누리게 되는 놀라운 반전이 우리 삶 속에 일어났습니다. 그래서 복음주의 신학자 존 파이퍼 목사는 십자가만을 자랑해야 할 이유를 이렇게 정리합니다.

"창조주 하나님은 피조물인 우리에게 뭔가를 주실 책임과 의무가 전혀 없으신 분이다. 우리는 심판을 받아 마땅한 죄인이다. 그럼에도 우리는 모든 것을 값없이 받아 누리고 있다. 누가 우리에게 이런 선물을 주었을까? 예수 그리스도께서 피로 사 주셨다. 그러므로 십자가를 떠나서는 심판밖에 없다. 따라서 우리의 모든 기쁨과 자랑은 십자가에 대한 자랑일 수밖에 없다."

진정한 기독교는 'No Cross, No Crown', '십자가 없이는 영광도 없다'는 것입니다. 그러므로 우리 그리스도인의 삶은 종교개혁자들의 주장처럼 어떤 특정한 기간이 아니라 날마다 십자가의 빛 아래에서 살아가는 것입니다.

그런데 순간순간 우리의 눈을 붙잡는 세상의 화려함은 그리스도인들로 하여금 십자가를 놓치게 만듭니다. 정통 기독교는 그리스도의 고난과 부활을 특별하게 묵상하고 기념하는 경건의 훈련을 시킵니다. 다시 십자가를 바라보고, 다시 십자가 앞에 엎드리는 거룩하고 경건한 습관을 날마다 가질 수 있도록 전통을 지키고 있습니다. 우리는 이 전통에 따라 "어떻게 하면 우리 믿음의 상징인 십자가를 더 깊이 묵상하고, 한 차원 더 주님을 닮아갈 수 있을까?"를 묵상하며 믿음의 자세를 다잡아야 합니다.

그리스도인은 세상의 흐름을 거부하고 부조화하는 삶을 사는 존재다.

먼저 오늘 말씀을 통해서 얻을 수 있는 중요한 한 가지 교훈은 우리 그리스도인은 세상의 대세와는 불일치하고 부조화하는 삶을 살아야 한다는 것입니다.

"22.유대인은 표적을 구하고 헬라인은 지혜를 찾으나 23.우리는 십자가에 못 박힌 그리스도를 전하니 유대인에게는 거리끼는 것이요 이방인에게는 미련한 것이로되 24.오직 부르심을 받은 자들에게는 유대인이나 헬라인이나 그리스도는 하나님의 능력이요 하나님의 지혜니라" (고전 1:22-24)

바울이 말씀에서 언급하고 있는 유대인이나 헬라인들은 당대의 주류들이었고 여론 선도층이었습니다. 그들이 주장하는 것이 대세였고 그 사람들의 말과 행동을 따라가는 것이 시대에 뒤떨어지지 않는 길이었습니다. 그런데 말씀을 주의 깊게 보면 당대의 가치와 흐름을 주도하는 오피니언 리더들과 정면으로 충돌하는 사도 바울의 모습을 발견할 수 있습니다.

"아무리 당신들이 기적이 나타나야 진리고 자기 논리로 이해되지 않는 것은 다 비진리라고 부정해도, 그것이 대세라고 우겨도 나는 그렇지 않다."라고 사도 바울은 당당하게 공언합니다. 그러니까 당대의 사람들이 이해할 수도 받아들일 수도 없었던 그리스도의 십자가만이 진정한 진리요 능력의 원천이라고 도발적으로 선언하고, 세상의 대세와 정면충돌 하는 것이 오늘 말씀의 내용입니다.

성경을 보면 사도 바울처럼 세상의 흐름을 따르지 않고 하나님이 주신 진리를 따라 살아간 중요한 몇 사람이 있습니다. 그중에 한 사람이 다윗입니다.
구약의 사무엘서를 보면 블레셋 장군 거인 골리앗과 맞서는 소년 다윗의 이야기가 기록되어 있습니다.

모든 이스라엘 군인들은 '골리앗은 상대하기에 너무 크고 강하다'고 생각합니다. 골리앗은 절대로 이길 수 없다는 의식이 대세요 주류였습니다. 그런데 다윗은 이런 흐름과 그대로 충돌합니다. 다윗은 '나의 돌팔매가 빗나가기에는 골리앗은 너무 큰 표적이다'라고 생각했고 결국 그를 한 방에 쓰러뜨립니다. 하나님을 믿음으로 대세와 정면충돌한 다윗의 승리였습니다.

사도 바울 당시의 대세가 가시적인 기적체험과 합리적이고 논리적인 이해였다면 지금 우리가 사는 세상의 대세는 무엇입니까? 두 가지로 정리할 수 있습니다.

하나는 허무주의입니다. 한때 유행했던 "바르게 살고 세상 열심히 살면 뭐하겠노. 기분 좋다고 소고기 사묵겠지"의 분위기입니다. 바르게 산다는 것, 의미 있게 산다는 것, 정직하게 산다는 것, 열심히 산다는 것, 모든 것이 다 의미가 없다는 겁니다. 올포세대로 불리는 청년들 사이에서는 3.1 운동을 기념하는 삼일절 역시 허무주의를 희화하는 표현으로 이렇게 사용되고 있습니다.

"31세만 되면 절망한다"

살아봐야 힘 있고, 빽 있는 사람을 따라잡을 수 없다는 생각이 사람들의 의식을 지배하고 있습니다.

또 다른 세상의 대세와 의식은 바로 쾌락주의입니다. 어차피 한 번 살 인생 "먹고 죽자, 마시다 죽자. 놀다 죽자!"

입니다. 몇 해 전 사회를 뒤집어 놓았던 '버닝썬 클럽' 사태는 쾌락을 위해서라면 끝없이 불타는 태양이 되어보자는 인간의 욕망을 그대로 보여 주는 사건으로 해석됩니다. "한 번 죽지 두 번 죽냐! 일단 즐기고 보자!"라는 생각이 세상 사람들의 의식 저변에 깔려있습니다.

이런 흐름 속에 그리스도의 제자로 부름 받은 우리가 있습니다. 그렇다면 쾌락과 허무가 판을 치는 이 세상과 정면충돌하는 삶을 살아야 하는 우리 그리스도인에게 요청되는 것은 도대체 무엇입니까? 바로 "경건한 삶"을 사는 것입니다.

바울은 그의 서신에서 경건의 중요성을 이렇게 밝힙니다.

"육체의 연단은 약간의 유익이 있으나 경건은 범사에 유익하니 금생과 내생에 약속이 있느니라"(디모데전서 4:8)

이 세상뿐만 아니라 천국에서까지 유익한 것이 '경건'이라고 밝힙니다.

그렇다면 이제 초점은 '어떻게 경건한 삶을 살 수 있을 것인가?'로 모아야 합니다. 허무와 쾌락이 대세인 세상 속에서 어떻게 사는 것이 경건을 추구하는 삶을 사는 것이겠습니까? 성경 속에서 찾아보면 크게 두 가지 측면으로 정리할 수 있습니다.

첫째는 내적인 측면의 경건생활을 사는 것입니다. 이를 소극적인 경건이라고 표현해도 좋을 것입니다. 복음서를 연구하다보면 성육신하신 예수님께서 공생애를 사는 동안 가장 소중하게 여기시고 매일 습관적으로 하신 행동이 있는 것을 발견합니다. 바로 기도입니다.

"예수께서 나가사 습관을 따라 감람 산에 가시매 제자들도 따라갔더니" (누가복음 22:39)

예수님께서 매일같이 "기도 하시기 위해" 감람산에 가시는 습관을 가지셨습니다. 기도를 통해 하늘 아버지와 기도로 소통하시는 거룩한 습관을 가지셨습니다.

우리가 그리스도인이고 주님을 닮아가려고 몸부림치는 그리스도의 제자라면 예수님의 거룩한 습관을 쫓아 살아가는 것은 당연한 이치입니다. 우리는 기도의 거룩한 습관을 가지신 예수님처럼 기도해야 합니다. 그동안 흐트러

졌던 경건의 모습을 다시 한번 새롭게 하고 기도의 깊은 자리로 들어가야 합니다. 그래서 세상의 가치에 길들여진 것들로부터 거리를 두고 진정한 그리스도인의 정체성을 찾는 겁니다. TV 보는 시간, 인터넷과 스마트폰 하는 것도 조금 절제하고, 하나님 나라의 비밀과 나를 향하신 하나님의 뜻을 좀 더 밝히 알기 위해서 기도에 집중하는 것입니다.

이런 내적 경건을 돕기 위해서 전 교회적으로 매일 새벽기도회를 여는 것도 좋습니다. 또 절기마다 특별새벽기도회를 준비하여 하늘 문이 열리는 은혜를 대한민국의 모든 교회가 간구하고 요청해야 합니다. 기도를 자신의 삶에 체화할 때 한 단계 더 높은 경건의 삶을 살아갈 수 있습니다.

둘째, 내적인 경건과 함께 적극적인 경건의 삶을 추구해야 합니다. 진정한 경건은 기도하면서 내면만 추스르는 것으로 끝나지 않습니다. 자기중심성을 넘어서서 이웃과 공동체를 눈물 젖은 눈으로 바라볼 수 있을 때 진정한 경건의 능력은 형성됩니다.

오늘 말씀 본문인 고린도전서에는 우리 모두가 좋아하

는 고린도전서 13장 '사랑장'도 있습니다. 얼핏 생각하기에 긍정적인 분위기에서 고린도서가 기록된 것 같지만 사실은 당시에 가장 문제가 많은 교회였던 고린도교회를 향한 편지였습니다.

실제로 신약성경에 등장하는 교회들 가운데 가장 문제가 많았던 교회가 고린도교회였습니다. 분파도 많았고, 윤리적으로도 타락했고, 말도 안 되는 은사와 교리를 주장하는 이단들도 들끓었던 곳이 고린도교회였습니다. 가히 교회문제 백화점이라고 불릴만한 교회였습니다.

그러나 다른 한편으로 이 교회는 많은 장점도 가진 교회였습니다. 18개월이나 바울의 지도를 직접적인 받았던 실라, 디모데, 브리스길라와 아굴라 부부, 아볼로 같은 뛰어난 사역자들이 고린도 교회를 섬겼습니다. 또 대도시에 위치한 것도 고린도교회의 장점이었습니다. 그래서 로마제국으로부터 받았던 핍박의 수준도 비교적 가벼웠습니다. 교회 안에 활발한 성령의 은사가 나타났고 성만찬을 자주 거행해서 구속의 은혜를 기념하는 데도 익숙했던 교회였습니다. 단점만큼이나 굉장히 많은 장점을 갖춘 교회였습니다.

그럼에도 불구하고 문제 많은 교회로 낙인이 찍힌 이유

는 개인은 경건한데 자기중심성을 뛰어넘지 못하는 한계가 있었기 때문입니다. 적극적인 경건이 고린도교회 성도들에게 부족했기 때문입니다. 타인에 대한 인식이 없이 자기중심적이고 자기만 좋으면 되는 교인들로 가득 찬 교회가 고린도교회였던 것입니다. 다른 이들을 향한 사랑의 결핍이 모든 문제를 일으키는 원인으로 작용했던 것입니다. 진정한 사랑은 자기중심적 사고에서 이웃과 공동체 중심으로 생각과 행동의 축이 바뀌는 것인데 모든 것을 자기중심으로만 생각하는 소아적 의식이 모든 장점을 치명적인 약점으로 변질시켜 버린 것입니다. 이런 고린도교회를 향해 사도 바울은 "나를 사랑해서 자기 몸을 직접 버리고 희생하신 예수 그리스도의 십자가만 자랑한다."라고 선포한 것입니다.

여기서 아주 중요한 교훈을 얻을 수 있습니다. 종교개혁자들의 권면대로 매일 십자가를 묵상하고 경건의 능력을 형성한다는 것은 개인적으로 하나님 앞에 나아가는 기도를 깊이 하는 소극적인 경건의 차원과 다른 사람들을 사랑으로 대하고, 이해하고, 용서하고, 희생적으로 섬기는 적극적 경건의 차원이 수반되어야 함을 의미합니다. 하늘 보좌를 버리고 나와 같이 되셔서 십자가 사랑으로 나와 세상을 사랑하신 주님처럼 살겠다고 결단하고 행동할 때

비로소 균형 잡힌 경건의 능력이 형성된다는 말입니다.

 그렇다면 그리스도인은 매일을 어떻게 살아야 하겠습니까? 세상 한복판으로 자기의 영광이 아니라 나를 위해 십자가를 지신 주님을 묵상하면서 예수님처럼 형제와 자매를 용서하고. 연약한 부분이 있다면 채워주고, 필요한 것이 있다면 사랑의 섬김과 나눔을 실천해야 합니다.

 기도로 내적인 경건을 추구하고, 사랑의 섬김과 나눔으로 외적인 경건을 추구해서 이생만이 아니라 내생에 이르기까지, 범사에 유익한 경건의 능력을 가진 하나님의 사람으로 새롭게 서는 은혜가 있기를 소원합니다.

 세상 흐름을 거부하고 진리를 추구하는 그리스도인이 되십시오.
 십자가의 은혜를 온 세계가 입었지만, 세상은 여전히 허무주의가 판을 치고 있고 쾌락과 방종이 대세입니다. 십자가를 모르는 세상, 아니 십자가의 가치와 정신을 노골적으로 거부하는 세상입니다. 이런 세상의 흐름을 무엇으로 변화시킬 수 있겠습니까? 죽기까지 죄인들을 사랑하신 주님의 십자가 외에는 대안이 없습니다. 그리고 주님 가신 십자가의 길을 따라가는 경건의 내적 능력과 외적 능력으로 무장한 하나님의 자녀들 외에는 세상의 희망을 볼 수 없습니다. 거룩한 기도의 습관으로 내적 경건의 능력을 가지기를 축복합니다. 십자가의 길을 가신 예수님처럼 용서와 사랑과 희생으로 주님의 십자가, 보혈의 능력이 필요한 사람들을 주님의 손과 발이 되어 섬기는 외적 경건의 능력을 가지기를 축복합니다. 이런 우리를 통해 분명히 이 세상이 하나님 나라로 변혁될 줄 믿습니다.

4

주님의 고난 속에 깨닫는 진리

- 로마서 5:6~12 -

6우리가 아직 연약할 때에 기약대로 그리스도께서 경건하지 않은 자를 위하여 죽으셨도다 7의인을 위하여 죽는 자가 쉽지 않고 선인을 위하여 용감히 죽는 자가 혹 있거니와 8우리가 아직 죄인 되었을 때에 그리스도께서 우리를 위하여 죽으심으로 하나님께서 우리에 대한 자기의 사랑을 확증하셨느니라 9그러면 이제 우리가 그의 피로 말미암아 의롭다 하심을 받았으니 더욱 그로 말미암아 진노하심에서 구원을 받을 것이니 10곧 우리가 원수 되었을 때에 그의 아들의 죽으심으로 말미암아 하나님과 화목하게 되었은즉 화목하게 된 자로서는 더욱 그의 살아나심으로 말미암아 구원을 받을 것이니라 11그뿐 아니라 이제 우리로 화목하게 하신 우리 주 예수 그리스도로 말미암아 하나님 안에서 또한 즐거워하느니라 12그러므로 한 사람으로 말미암아 죄가 세상에 들어오고 죄로 말미암아 사망이 들어왔나니 이와 같이 모든 사람이 죄를 지었으므로 사망이 모든 사람에게 이르렀느니라 현대인들이 살아가면서 제일 하기 싫은 일로 꼽는 것이 병원에서 진단을 받는 일이라고 합니다. 대부분 사람이 360도 회전하는 작고 동그란 의자에 앉아서 의사 앞에 자신의 몸을 보이고 진단을 받는 것을 극히 꺼린다고 합니다. 왜냐하면, 병원을 가면 꼭 의사 선생님이 하는 말씀이 있기 때문입니다.

"저를 만나기 싫으실 텐데 어쩔 수 없이 또 오셨네요. 운동 꼭 하세요~"

또 종합검진 후 의사 선생님 앞에서 초조하게 진단을 기다리는 것은 합격과 불합격 판정하는 판단결정자 앞에 서 있는 것과 똑같은 형국입니다. 그래서 병원을 가는 것이 싫은 정도가 아니라 두렵기까지도 합니다. 이렇게 가기 싫은 병원이더라도 몸에 이상이 오는 것을 느끼면 살기 위해 갈 수밖에 없는 형편입니다.

이 사실을 영적인 영역에 한 번 적용해 보겠습니다. 영혼을 가진 인간이 하나님의 영적인 피조물임에도 불구하고 제일 싫어하는 것이 무엇인지 아십니까? 바로 하나님 앞에 오는 것입니다. 이 말은 하나님 앞에 서서 '내가 어떤 사람인가?' 진단받는 것을 죽어도 싫어한다는 것입니다. 그래서 예수님께서는 이렇게 말씀하십니다.

"그 정죄는 이것이니 곧 빛이 세상에 왔으되 사람들이 자기 행위가 악하므로 빛보다 어둠을 더 사랑한 것이니라"(요한복음 3:19)

그런데 우리가 온전한 건강상태를 유지하고 있다면 의사 앞에서 전혀 쫄 필요도 없고 종합건강검진 결과를 기다리며 마음 졸일 이유도 없습니다. 우리가 '종합검진'을 싫어하는 이유는 "만에 하나 뭔가 좋지 않은 부분이 있으면 어쩌나?" 하는 불안감 때문입니다.

사람들이 하나님 앞에 나아오는 것을 싫어하는 이유도 마찬가지입니다. 삶 속에서 생각이나 행동이 온전하면 싫어할 이유가 없습니다. 하나님 앞에서도 당당하고 자신 있기 때문입니다. 그러나 대부분 사람은 하나님 앞에 서는 것을 싫어합니다. 하나님 앞에서 떳떳하지 않고 걸리는 것이 있기 때문입니다. 하나님 앞에 서면 숨겼던 날것이 드러날까 두렵기 때문입니다. 바울은 이 사실을 직설적으로 고발합니다.

　"또한 그들이 마음에 하나님 두기를 싫어하매 하나님께서 그들을 그 상실한 마음대로 내버려 두사 합당하지 못한 일을 하게 하셨으니" (로마서 1:28)

　이것이 이 세상을 살아가는 모든 사람의 영적인 형편입니다. 그럼에도 불구하고 우리가 하나님의 자녀라면 반드시 영적으로 취해야 할 태도와 자세가 있습니다. 우리의 영적 형편이 어떠하든 우리의 영혼이 살고 회복하기 위해 가져야 할 태도와 자세가 있습니다. 그것은 무엇일까요?

　나보다 나를 더 잘 아시는 주님께 나아가야 합니다.

　첫째, 주저함 없이 하나님 앞에 있는 모습 그대로 나아가는 것입니다. 우리 몸이 건강해지기 위해 의사 앞에 가서 진단을 받아야 하듯이 우리의 영육이 균형 잡힌 삶을 살고, 건강한 영혼을 가지고 살기 위해서는 우리를 지으신 하나님 앞에 모든 두려움을 내려놓고 나아가야만 합니다. 다른 방법이 없습니다.

한 번밖에 살 수 없는 인생, 기왕 사는 것 제대로 성공적인 인생을 살고, 우리 영혼이 자유를 누리면서 살아야 하지 않겠습니까? 그렇다면 대안은 한 가지밖에 없습니다. 하나님 앞에 자신을 내놓기 부끄럽고, 그래서 나아가는 것이 힘들어도 하나님 앞으로 나아가는 것입니다.

몸이 아프다는 자각증상이 오면 바로 병원으로 달려가야 합니다. 심각한 질병에 걸리면 수술의 고통을 견뎌내는 것이 아무리 힘들어도 수술대 위에 자청해서라도 합니다. 그래야 회복합니다.

우리 영혼도 마찬가지입니다. 하나님 앞에 서지 않는 인생은 그 영혼이 영원히 죽을 수밖에 없는 인생이기 때문에, 영원히 죽는 인생이 되지 않으려면 하나님 앞으로 당장 달려가야 합니다.

인류 역사 속에서 가장 파란만장한 인생을 산 사람으로 꼽히는 다윗의 고백을 한 번 들어보십시오. '나를 주시하시는 하나님'이란 제목이 붙어있는 시편 139편을 보면 "주께서 내 내장을 지으시며 나의 모태에서 나를 만드셨나이다(시편 139:13)"라고 고백합니다. 고장 난 차를 가장 잘 고치는 사람은 그 차를 만든 사람일 것입니다. 그렇다면 나를 가장 잘 아시고, 내가 잘못되었을 때 나를 가장 잘 고치실 수 있는 분은 누구겠습니까? 나를 지으신 하나님이십니다.

내가 내 자신을 가장 잘 알 것 같지만 실상은 그렇지 않습니다. 『나도 아직 나를 모른다』(허지원, 홍익출, 2020.)라는 심리학 책이나 『나도 나를 모르겠다』(권수영, 레드박스, 2018.)라는 상담학 관련 책에는 많은 사람이 내 안에서 상상할 수 없는 정도의 가면을 쓰고 있는 나를 발견하고 순간순간 소스라치게 놀라는 현실을 말하고 있습니다. 누구보다도 내가 나 자신을 가장 잘 안다고 큰소리치기 쉽지만 조금만 깊이 들여다보면 "나도 나를 잘 모른다."라고 솔직하게 고백할 수밖에 없는 것이 사람입니다.

그러므로 나를 잘 알고 싶고 그래서 한 번밖에 없는 인생을 늘 새로운 피조물로 변화되어가며, 의미 있고 보람 있게, 건강하며 성공적으로 살고 싶다면 우리는 "나의 내장을 지으시고 모태에서 나를 만드신 하나님" 앞에 나아가야 합니다.

과연 하나님 앞에 나아가면 하나님께서 자신을 어떻게 진단하실 것 같습니까? 우리보다 앞선 시대에 살면서 하나님 앞에 나아갔던 우리 믿음의 선배들이 하나님 앞에 나아갔을 때 파악한 정체성을 살펴보겠습니다. "주께서 나를 지으셨다"라고 고백한 다윗은 하나님 앞에 서는 순간 자신의 정체성을 이렇게 파악했습니다.

"내가 죄악 중에서 출생하였음이여 어머니가 죄 중에서 나를 잉태하였나이다" (시편 51:5)

또 하나님을 직접 대면한 이사야 선지자는 이렇게 자기의 정체성을 고백합니다.

"그 때에 내가 말하되 화로다 나여 망하게 되었도다 나는 입술이 부정한 사람이요 나는 입술이 부정한 백성 중에 거주하면서 만군의 여호와이신 왕을 뵈었음이로다 하였더라" (이사야 6:5)

정리하면 자신은 '망할 존재'라는 것입니다. 신약성경에 오면 사도 바울은 자기 정체성 이렇게 진단합니다.

"미쁘다 모든 사람이 받을 만한 이 말이여 그리스도 예수께서 죄인을 구원하시려고 세상에 임하셨다 하였도다 죄인 중에 내가 괴수니라" (디모데전서 1:15)

우리 믿음의 선진들이 하나님 앞에 섰을 때 동일하게 파악한 정체성은 "죄인"이었습니다. 그래서 이들은 하나같이 "나는 죄인이다"라고 고백합니다. 이들이 뭔가 좀 모자란 사람들이고 뒤떨어진 사람들이기 때문에 자신을 이렇게 파악하는 것이 아닙니다. 다윗이 스스로를 "나는 죄악 중에 출생한 죄인"이라고 고백하는 시점은 이스라엘 어느 외진 골짜기에서 아무도 알아주지 않는, 이름 없는 양치기로 있을 때가 아니었습니다. 최고의 권세를 가진 왕으로 있을 때 "나는 죄인이다"라고 고백한 것입니다. 바울 역시 "죄인 중에 내가 괴수"라고 토로하는 상황은 세상을 살아본 경험이 없고 철이 없을 때 하는 고백이 아닙니다. 디모데서는 바울이 자신이 모든 사역을 최종적으로 마무리할 때 쓴 바울의 마지막 서신입니다. 유럽 전역을 여행해 보고, 이런저런 사람 다 만나보고, 인생의 쓴맛과 단맛을 다 경험한 뒤에 하나님 앞에 자신을 세워보니까 "아~ 내가 죄인 중에 우두머리구나"하는 것을 깨달았다는 말입니다.

이 믿음의 선배들의 고백들은 하나님께서 이 사람들의 마음을 움직여서 하나님이 하고 싶은 말씀을 대신 표현하게 하신 것이 분명합니다. 그러므로 믿음의 선배들의 고백들을 하나님의 시각으로 바꾸어 표현하면 이렇게 말할 수 있습니다.

"너는 죄악 속에서 난 놈이야. 너는 늘 너의 마음으로, 입으로, 행동으로 죄짓는 놈이야. 이대로 가면 망할 수밖에 없는 놈이야 그래서 너는 죄인 중에서도 최고로 악한 놈이야!"

다윗의 입을 통해서, 이사야의 입을 통해서, 바울의 입을 통해서 인간이 어떤 존재인지를 근본적으로 진단하시는 하나님의 말씀입니다.

"너는 별거 아니야. 태아에서부터 너는 죄 속에서 잉태되었고, 날 때부터 너는 죄의 본성을 가진 죄인이야. 그래서 너는 그대로 두면 망할 수밖에 죄로 똘똘 뭉쳐진 존재야."

우리 인간을 향한 하나님의 이 진단이 너무 과격한 진단이고, 판단이라고 생각되십니까? 바울은 자기 자신은 물론이고 이 세상을 살아가는 모든 사람이 하나님 앞에 섰을 때 파악할 수밖에 없는 현주소를 깨닫고 이렇게 객관적 사실을 진술합니다.

"모든 사람이 죄를 범하였으매 하나님의 영광에 이르지 못하더니" (로마서 3:23)

자신뿐 아니라 이 세상을 살아가는 모든 세대의 사람들이 죄인이고, 하나님의 영광과는 상관없는 존재라는 것입니다. 가만히 생각하면 참 기분 나쁜 말입니다. 역사적으로 이 사실에 얼마나 많은 사람이 반발했는지 상상이 가질 않습니다. 생명의 말씀인 성경에는 사람을 기분 좋게 하는 이야기만 있을 줄 알았는데 그와 전혀 거리가 먼 내용입니다. 교회 나와서 예배를 드리면 얼굴이 활짝 펴지고 감동적이고 기쁨이 넘치는 이야기만 들을 줄 알았는데 '죄인'이라는 끔찍한 소리를 듣게 됩니다.

그럼에도 사실을 사실 그대로 알려 주는 것처럼 중요한 것이 없습니다. 한 사람이 몸에 종기가 나서 병원을 갔더니 의사가 딱 보고 "간단한 수술이니 빨리 수술받으라."

라고 진단 내립니다. 환자를 안심시키기 위해서 그런지 몰라도 의사들은 항상 "간단한 수술을 하셔야겠습니다." 하고 진단을 하는 것 같이 느껴집니다. 그러나 우리의 경험상 단 한 번도 간단한 수술은 없었습니다. 아무리 간단한 수술이라도 수술이라는 말 자체가 환자인 우리를 우울하게 만듭니다. 그러나 수긍할 수밖에 없습니다. 왜냐하면, 우리의 상태를 진단하는 의사의 권위 때문입니다.

우리를 지으신 하나님께서 우리를 딱 보시고 에둘러 표현하지 않으시고 직설적으로 "너희는 죄인"이라고 진단을 하십니다. 그런데 사람들은 자꾸 "나는 아니다"라고 우깁니다. 우긴다고 사실이 없어지는 것도 아닌데 기분이 나쁘니까 계속해서 우기는 것입니다.

"너는 죄인이다. 회개해야 한다."라는 하나님의 직설적인 진단이 어떻게 들리십니까? "아멘! 그렇습니다. 당연한 일입니다. 저는 죽어 마땅한 죄인입니다. 복음서에 나오는 세리와 같이 저는 늘 가슴을 치며 엎드려 통회자복할 수밖에 없는 죄인입니다."라는 고백이 마음에 우러러 나오십니까? 아직도 마음에 동의가 잘 안 되시지 않습니까?

내 아들을 보내야 하겠다.

정치권에 이런 에피소드가 있었습니다. 한 시민이 장난 삼아 유명정치인 20명에게 같은 내용의 짤막한 메시지를 보냈는데 메시지를 받은 정치인 20명이 거의 같은 시각에 자취를 감추었답니다. 메시지의 내용은 이랬습니다.

"모든 것이 들통났으니 속히 피신하시기 바람."

억울한 분들도 있겠습니다만 유명인들의 과거와 관련된 폭로가 계속 뉴스로 나오는 것을 보면, 과거 행적에 자유롭지 못한 사람들이 얼마나 가슴을 졸이며 살까 싶습니다. 마찬가지로 솔직하게 한 번 생각해 보십시오. 과연 이 말이 몇몇 인면수심의 사람들에게만 적용되는 원리입니까? 지난 한 주간 우리의 마음속에 일어났던 악한 생각을 종이에 한 번 적어 보십시오. 어떻습니까?

교회에서 주일예배 때마다 은혜의 지성소로 나아가면서 '참회의 기도'를 올려 드리는 이유가 있습니다. 사람은 누구나 가만히 있어도 밑에서 스멀스멀 기어 올라오는 불의하고 좋지 못한 생각들이 있기 때문입니다. 조금만 불편해도 누군가를 미워하는 마음이 솟아오르고, 조금만 나에게 손해가 간다고 생각하면 참을 수 없는 분노가 생깁니다. 나를 낳아주고 키워주신 부모님을 미워하는 것도 시간문제입니다. 일생을 함께 살겠다고 그렇게 많은 사람 앞에서 약속했던 부부도 자기 마음에 맞지 않으면 언제든지 원수가 될 수 있는 것이 우리의 악한 마음입니다. 열거하자면 끝이 없습니다. 정돈해 보면 사람은 본질상 악한 존재들입니다.

잘살면 잘 사는 대로 악은 더 발달하고, 생각은 더 간교해집니다. 욕심이 채워질수록 더 입을 크게 열고 탐욕스러워져 가는 것이 인간입니다. 그러므로 우리 역시 하나님 앞에 섰을 때 "너는 근본적으로 죄인이야! 죄인 중의 괴수야!" 하는 진단을 받을 수밖에 없고, 우리는 "하나님, 그렇습니다. 내가 나를 봐도 도저히 부인할 수 없습니다"라는 고백을 할 수밖에 없습니다.

우리가 삶을 살면서 늘 불안함을 느끼는 이유가 무엇이겠습니까? 사람 속에 죄의 본성이 똬리를 틀고 있기 때문입니다. 공연히 인생의 허무감을 느끼고, 삶이 불만스럽고, 짜증이 툭툭 튀어나오는 이유는 사람의 근본이 죄로 둘러싸여 있기 때문입니다. 선한 것이 없으니 자연스러운 기쁨이 마음에 없는 것입니다.

그래서 바울은 우리 인간의 참상을 다음과 같이 고발합

니다.

"기록된 바 의인은 없나니 하나도 없으며 깨닫는 자도 없고 하나님을 찾는 자도 없고 다 치우쳐 함께 무익하게 되고 선을 행하는 자는 없나니 하나도 없도다" (로마서 3:10-12)

이런 상태로 인간은 한평생 살다가 세상을 떠나는 겁니다.

"한번 죽는 것은 사람에게 정해진 것이요 그 후에는 심판이 있으리니" (히브리서 9:27)

결국, 인간의 끝은 심판받는 자리입니다. 죄인인 사람이 마땅히 가야 할 마지막 장소입니다. 특별히 그곳을 성경에서는 "영원한 죽음이 기다리고 있는 지옥"이라고 합니다. 죄인으로 진단받은 사람이 반드시 가야만 하는 정해진 코스입니다.

그렇다면 나의 정체성이 죄인인 것을 알게 되었고, 이대로 살면 나의 미래가 어떻게 될지 알았으니 어떻게 살아야 하겠습니까? 먼저 우리는 "죄의 문제"를 해결해야 합니다. 이 죄의 문제를 해결할 수 있는 유일한 방법을 성경은 이렇게 정리합니다.

"율법을 따라 거의 모든 물건이 피로써 정결하게 되나니 피흘림이 없은즉 사함이 없느니라" (히브리서 9:22)

누군가 죄 사함을 위한 피를 흘려야 된다는 것입니다. 하나님께서 이것을 놓고 고민하시다가 선택한 방법은 바로 이것입니다.

"우리가 아직 죄인 되었을 때에 그리스도께서 우리를 위하여 죽으심으로 하나님께서 우리에 대한 자기의 사랑을 확증하셨느니라 그러면 이제 우리가 그의 피로 말미암아 의롭다 하심을 받았으니 더욱 그로 말미암아 진노하심에서 구원을 받을 것이니" (로마서 5:8-9)

하나님께서 우리에게 주신 죄의 해결책은 하나밖에 없는 자기 아들을 이 땅에 보내셔서 십자가 위에서 물과 피를 다 쏟으시면서 죽음을 맞이하도록 내어 주신 것입니다. 주님께서 십자가에 죽으신 이유가 죄인을 위해 죽으신 것을 믿는 자에게는 영원한 생명을 허락해 주시는 구원의 은총을 베풀기 위함입니다.

어윈 루처 목사님은 주님이 지신 십자가에 대해서 "십자가의 목적은 고칠 수 없는 것을 고치는 것이다."라고 말합니다. 그러므로 우리는 십자가를 볼 때마다, 또 십자가가 우리의 눈에 보일 때마다 "아~ 하나님께서 하나님의 독생자 예수를 십자가에 매달려 죽게 하셔서 절대로 고칠 수 없는 나의 죄의 문제를 고쳐주셨구나!"라는 사실을 상기하고 확인하는 것입니다. 마치 결혼반지를 볼 때마다 결혼서약을 했을 때의 그 떨리고 황홀한 감동을 다시 되살려내는 것처럼 말입니다.

둘째, 십자가를 아직도 모르는 자들에게 구원의 은총을 전해야 합니다. 사람들은 맛집만 다녀와도 주변에 사랑하는 사람들에게 알려주고 함께 가자고 합니다. 그런데 지금 우리는 이 땅에서만이 아니라 영원한 세상에서 영생복락을 누리는 길을 알고 있습니다. 그러면 주변의 사랑하는 이들에게 "예수님 믿자고~ 당신을 가장 잘 아시는 하나님 앞에 나아가자고~" 알리고, 권하고, 강청하는 것이 당연한 일입니다. 예수 믿어서 하나님의 자녀가 되고 달려가는 인생의 코스가 완전히 달라진 우리가 아직 예수님을 알지 못하는 누군가에게 "예수 믿으세요~"라고 하는 것은 단순히 예수 믿고 '이 땅을 사는 동안 마음에 평안을 얻읍시다. 병 고칩시다. 문제해결 받읍시다. 부자 되어 이 땅에서 잘살아 봅시다.'의 차원 정도에 머무는 일이 아닙니다. 이것은 예수님 믿으면 덤으로 당연히 받게 되는 하나님의 선물입니다.

"예수를 믿으라"는 것은 본질적으로 "나와 함께 지옥이 아닌 장소에서 영원히 사는 복을 함께 누립시다." 하는 상상할 수 없는 차원의 제안입니다. 이런 본질적인 차원의 복을 하나님께로부터 받기 때문에, 우주 만물의 주인이신 하나님께서 허락하시는 형통함의 복이나, 범사가 잘되는 복이나, 건강이나 마음의 평안은 덤으로 주어지는 것입니다.

우리 주님이 십자가에 못 박혀 죽으신 것은 하나님이 사랑하시는 단 한 사람이라도 진노의 심판에 들어가지 않도록 하기 위해 절박한 심정을 가지고 독생자를 이 땅에 보내신 우주적 사건입니다. 십자가를 쳐다볼 때마다 주님이 고난받고 십자가에 못 박히신 그 내용을 아는 사람들은 어떻게 행동해야 합니까? 이 진리를 나만 알고 영생의 길로 갈 수 있습니까?

십자가를 볼 때마다 나를 향한 하나님의 절절한 사랑의 심정이 깨달아지고 주님이 고난받으시고 십자가에 달려 죽으신 이유를 깨달았다면 그것으로 끝이 아닙니다. "내가 죄인에서 의인이 되었고 내 인생의 코스가 달라졌으니까 이제 다됐다"라고 생각하는 사람은 하나님의 사랑의 크기를 모르는 이들입니다.

지금 자신의 주변에 내가 누구인지, 하나님의 사랑이 얼마 큰지 그 사실을 모르는 사람들이 많지 않습니까? 이 놀라운 진리를 먼저 깨달은 사람들이 해야 할 일은 분명해집니다. "내가 믿는 십자가!, 너도 믿고 용서받고 구원받자!"라고 적극적으로 권해야 하는 것입니다.

언젠가 복음 전하는 것을 부끄러워하지 않고 당당하게 복음을 전하는 한 연예인이 십자가 복음을 전해야 할 중요성에 관해서 이야기하는 것을 듣고 큰 감동을 받았습니다. 자신이 부끄럼 언제 어디서나 기회가 있으면 복음 전하는 이유는 단 한 가지 이유밖에 없다고 합니다.

"나는 당신을 영원히 보고 싶습니다. 우리 영원히 같이 보자고요."

한국 교회들은 때가 되면 새생명을 작정하고 그들을 초청하기 위해 많은 기도와 정성을 부어 초청예배를 준비하고 있습니다. 왜 그들에게 예수님이 하신 일을 전해야만 합니까? 우리가 사랑하는 그 영혼들을 영원히 보고 싶기 때문입니다. 그래서 아직 그 사랑을 모르는 이들을 위해 집중적으로 기도하고, 부활의 생명과 기쁨을 나누는 계란 바구니를 전달하고, 좋은 메시지를 전하고, 손도 잡아주고, 함께 식탁 교제도 하는 것입니다.

"나는 당신을 영원히 보고 싶습니다. 우리 영원히 같이 보자고요."

어떤 대답이 나올지 모르지만, 진정성을 가지고 전달할 때 하나님께서 감동받을 수밖에 없도록 하실 것입니다. 그러므로 때가 될 때마다 꼭 예수그리스도를 알아야 하는 영혼들을 위해 기도해야 합니다. 그들을 위해 기도할 때 그대로만 두면 심판의 길로 갈 수밖에 없는 이들이 그 길에서 돌아서서 영생의 길로 가는 놀라운 역사가 일어날 것입니다. 자신 안에 있는 십자가의 사랑과 그 감격이 더욱 커지고 생생해져서 만나는 사람마다 인생 대전환의 계기가 일어나는 위대한 구원사건을 경험하게 되는 특별한 은혜를 경험하기를 바랍니다.

나보다 나를 더 잘 아시는 주님께 나아가야 합니다.

Part 2

우리의 삶을 십자가 앞에

5

십자가만 자랑하는 삶이 되게 하옵소서

- 고린도전서 1:18~25 -

18십자가의 도가 멸망하는 자들에게는 미련한 것이요 구원을 받는 우리에게는 하나님의 능력이라 19기록된 바 내가 지혜 있는 자들의 지혜를 멸하고 총명한 자들의 총명을 폐하리라 하였으니 20지혜 있는 자가 어디 있느냐 선비가 어디 있느냐 이 세대에 변론가가 어디 있느냐 하나님께서 이 세상의 지혜를 미련하게 하신 것이 아니냐 21하나님의 지혜에 있어서는 이 세상이 자기 지혜로 하나님을 알지 못하므로 하나님께서 전도의 미련한 것으로 믿는 자들을 구원하시기를 기뻐하셨도다 22유대인은 표적을 구하고 헬라인은 지혜를 찾으나 23우리는 십자가에 못 박힌 그리스도를 전하니 유대인에게는 거리끼는 것이요 이방인에게는 미련한 것이로되 24오직 부르심을 받은 자들에게는 유대인이나 헬라인이나 그리스도는 하나님의 능력이요 하나님의 지혜니라 25하나님의 어리석음이 사람보다 지혜롭고 하나님의 약하심이 사람보다 강하니라

인류 최악의 형벌, 십자가에 매달리신 예수 그리스도

십자가형은 고대국가인 페르시아, 에집트, 카르타고에서, 이후에는 로마제국에서 범죄자들을 엄하게 다스리기 위해서 사용된 사형 형틀이었습니다. 가장 흉악한 범죄자들을 위한 것이었기 때문에 로마제국에서는 자국의 시민들에게 이 십자가형을 집행하지 않았습니다.

역사의 기록을 조금 더 살펴보면 십자가형의 잔인함은 죄수가 십자가에 달리기 이전부터 시작됩니다. 십자가에 처형되기 전에 사형 집행자들은 작은 쇠붙이나 날카로운 양의 뼈가 달린 가죽 채찍으로 죄인들의 등과 엉덩이, 그리고 다리를 매질했습니다. 그리고 나면 쇠약해진 죄수에게 자기의 십자가를 형장까지 갖고 가게 했습니다. 십자가에 매달 때는 큰 쇠못으로 범죄자의 손목과 발을 고정했지만 그 끔찍한 못 박힘의 고통조차도 범죄자를 곧바로 죽음에 이르게 하지는 못했습니다. 어떤 사람은 여러 시간, 그리고 어떤 사람은 수일 동안 생명이 끊어지지 않았습니다. 발목이 고정된 경우에는 그래도 고통이 덜했지만 그렇지 않은 면 몸무게에 의해 몸이 축 내려앉아 가슴의 횡격막이 조여들고 숨이 가빠져서 결국에는 숨을 거두는 경우가 많았다고 합니다. 며칠 동안 용케 살아남는다고 해도 계속되는 굶주림과 기갈로, 그리고 들짐승과 새의 먹이로 버려지는 죽음이 잔혹했던 십자가형이었습니다.

그래서 십자가 형벌을 받고 죽는다는 것은 죽고 싶어도 죽을 수 없는 고통스러운 죽음이었고, 인류의 역사가 기록된 이래 가장 참혹한 죽음으로 인식되었습니다. 온몸이 발가벗긴 채 죽어가는 가장 수치스럽고 부끄러운 죽음, 죄수 스스로가 모든 과정을 지켜보고 느끼며 죽어야만 했던 형벌이 바로 십자가였습니다.

그런데 고린도전서를 보면 혁명적인 선언이 터져 나옵니다.

"십자가의 도가 멸망하는 자들에게는 미련한 것이요 구원을 받는 우리에게는 하나님의 능력이라"(고린도전서 1:18)

"유대인은 표적을 구하고 헬라인은 지혜를 찾으나 우리는 십자가에 못 박힌 그리스도를 전하니 유대인에게는 거리끼는 것이요 이방인에게는 미련한 것이로되 오직 부르심을 받은 자들에게는 유대인이나 헬라인이나 그리스도는 하나님의 능력이요 하나님의 지혜니라"(고린도전서 1:23-24)

이 혁명적인 선언은 하나님의 사랑하심 안에 이를 믿는 우리가 하나님의 자녀가 되었다는 것입니다. 십자가를 믿는 하나님의 자녀는 그리스도의 십자가 안에서 죽고 부활의 영광을 바라보는 새로운 피조물로 살도록 변화되었다는 것입니다. 그러므로 오직 십자가만 자랑하는 삶을 살게 될 것이라는 말입니다.

고린도전서의 말씀은 십자가의 능력이 실로 대단하며 위대하다고 말씀하고 있습니다. 단도직입적으로 묻겠습니다. 여러분은 십자가만을 자랑하는 삶을 살고 계십니까? 정말 다른 것은 다 배설물로 여기고 십자가만을 자랑하는 삶을 살고 계십니까? 사실 어느 누구도 이 질문에 '네'라고 자신 있게 대답할 수는 없을 것입니다. 그러나 우리가 십자가만을 자랑하는 삶이 무엇인지 말씀을 통해 배우고 깨닫는다면 우리는 십자가를 더욱 사랑하고 자랑할 수 있을 것입니다. 바라기는 '다시 주님 십자가 앞에!' 바로 서고 '오직 십자가만을 자랑하는 삶'이 무엇인지 알고 결단하는 은혜가 있기를 축복합니다. 그렇다면 십자가만을 자랑하는 삶은 어떤 삶일까요?

오직 십자가만을 자랑하는 삶은 겸손에서 시작됩니다.

첫째 십자가만을 자랑하는 삶은 복음은 자랑하지만, 자신에 대해서는 침묵하는 삶입니다. 바울은 십자가만을 자랑하는 삶의 중요성을 자신이 기록한 편지들 속에 다양한 표현과 고백으로 기록해 놓고 있습니다.

"형제들아 내가 그리스도 예수 우리 주 안에서 가진 바 너희에 대한 나의 자랑을 두고 단언하노니 나는 날마다 죽노라"(고린도전서 15:31)

사도 바울은 가장 위대한 하나님의 종입니다. 예수님을 만나는 독특한 경험을 한 사람이고 삼층천을 경험한 사람입니다. 그런 사도 바울이 날마다 죽는다고 고백합니다.

한번 자문자답해 보십시오. 자신 스스로가 사도 바울보다 좀 더 나은 사람이라고 할 수 있습니까? 아무리 살펴보아도 객관적으로도 주관적으로도 그렇고 결코 나은 면이 없습니다.

우리를 보면 혈기가 살아있습니다. 자기 자랑이 살아있습니다. 자기주장이 받아들여지지 않으면 분노합니다. 자신이 최고라 자부하고 그래서 자신이 정한 진리를 기준으로 살아가고 있지 않습니까? 용서도 없고, 용납도 없고, 배려의 삶도 보이지 않습니다. 그러다 보니 무엇보다 자신의 심령이 늘 지옥을 경험합니다. 자신이 있는 가정의 평화도 깨뜨리기 일쑤입니다. 일터의 현장이나, 다른 사람들과 관계하는 현장에서 늘 분위기가 살벌할 수 있습니다. 분명히 예수 믿는 사람이라고 하는데 예수님의 냄새가 나지 않습니다. 그래서 예수 믿지 않는 사람들이 "예수 믿는 사람이 왜 저래?"라는 의문을 갖게 합니다.

어떤 글에서 세상 사람들이 오늘날의 그리스도인들을 평가한 내용을 보았습니다. "예수 믿는 사람들의 말 속에서 피 냄새를 맡을 때가 있다." 그리스도인이 쓰는 말에 살기가 느껴지고 위협적인 언사, 독설이 많다는 것입니다. 분명히 십자가에 못 박혀 죽은 사람이 그리스도인이고 십자가만을 자랑하는 것이 그리스도인이라 생각했는데, 실제 삶은 겸손하게 십자가 지신 주님의 모습이 전혀 보이지 않는다는 것입니다.

성육신하신 예수님이 십자가 지시기 전까지 보여 주신 모습은 어떤 모습이셨습니까? 예수님이 잡히시던 날 밤, 그때부터 예수님의 공생애 가운데 가장 두려운 고난의 기간에 예수님께서 보여 주신 행동을 기억해 보십시오. 배신자 가룟 유다가 와서 "랍비여 안녕하십니까?" 했을 때 예수님은 어떻게 하셨습니까? 그저 침묵하셨습니다. 상식적으로 보면 "어떻게 네가 그럴 수 있느냐?"고 멱살을 잡아도 시원치 않을 텐데 침묵하셨습니다. 대제사장 앞에 끌려가셨을 때도 마찬가지입니다. 침묵하셨습니다. 분봉왕 헤롯이나 총독 앞에 서셨을 때도 침묵하셨습니다. 수많은 무리들이 조롱하고, 심지어 같이 십자가에 못 박힌 강도가 조롱하고 비난할 때도 침묵하셨습니다.

예수님의 침묵을 통해서 깨닫는 진리가 있습니다. 십자가만을 자랑하는 하나님의 사람은 침묵하는 사람들입니다. 자기 항변을 하고 싶고, 같이 싸우고 싶고, 같이 악쓰고 싶고, 같이 죽이려고 나서고 싶을 때도 잠잠하고 침묵하는 사람이 그리스도인입니다.

우리가 이렇게 살아갈 수 있는 이유는 그리스도께서 십자가에 못 박혀 죽으셨을 때 우리 역자 십자가에서 죽었기 때문입니다. 예수 믿는다는 것은 예수님처럼 침묵하는 것이고 바울처럼 날마다 죽는 것입니다. 그러나 찬송으로는 내가 예수님과 함께 십자가에 죽었다고 고백하지만, 실상은 그렇지 못합니다. 그러니까 우리 자신의 마음속이, 우리 가정이, 내가 일하는 일터와 속해있는 공동체가 천국을 경험할 수 없는 것입니다.

나는 죽고 십자가의 길을 걷는 십자가만을 자랑하는 진짜 그리스도인이 되기를 원합니다. 그렇다면 우리 모두 복음은 자랑하되 자신의 성질대로 하는 인간적인 말은 침묵하고, 힘은 완전히 빼야 합니다. 우리의 피속에 흐르는 분노와 못된 성품은 십자가에 못 박아야 합니다. 가시 돋친 말을 하는 혀와 입술을, 잘못된 것을 보는 눈은, 잘못된 길로 가는 발과 불의한 것에 동참하는 손은 모두 십자가에 못 박아야 합니다. 그래서 오직 십자가의 능력만 드러나고 복음만 드러나는 삶을 살기 바랍니다.

사명자의 삶을 걸어갈 때 십자가만 자랑할 수 있습니다.

둘째, 십자가만을 자랑하는 삶은 어떤 상황 속에서도 하나님께 받은 소명과 사명을 붙드는 삶입니다. 사도 바울이 활동했던 당시에 예수 그리스도를 주로 고백하고 자기 삶의 주권자로 인정하는 것은 죽음을 각오하는 일이었습니다. '예수가 그리스도'라는 말은 당시 '세상의 신'으로 불린 로마 황제를 향한 가장 강력한 도전이었고, '예수가 부활하셨다.'라는 말은 유대공동체 지도자들의 분노를 끓어오르게 하는 일이었습니다. 따라서 바울이 전하는 십자가의 복음, 부활의 복음은 당시 모든 권세를 가진 자들에게 공분을 샀습니다. 또한, 사도 바울은 예수님의 제자들보다 조금 늦게 초대교회 공동체에 합류했기 때문에 십자가의 복음을 전하고 복음대로 산다는 이유 때문에 이미 순교를 당한 초대교회 지도자들의 주검을 어쩔 수 없이 보고 뒷수습을 하는 역할을 감당하기도 했습니다. 이미 복음 때문에 끔찍한 일을 많이 보고 경험했던 것입니다.

그럼에도 복음을 위한 모든 사명자들의 선배인 바울은 이런 고백을 합니다.

"23. 오직 성령이 각 성에서 내게 증언하여 결박과 환난이 나를 기다린다 하시나 24. 내가 달려갈 길과 주 예수께 받은 사명 곧 하나님의 은혜의 복음을 증언하는 일을 마치려 함에는 나의 생명조차 조금도 귀한 것으로 여기지 아니하노라"(사도행전 20:23-24)

가장 위대한 사명자의 고백으로 알려진 바울의 이 고백은 자신을 잡으려고 서슬이 시퍼런 유대인들이 버티고 있는 예루살렘으로 올라가기 직전에 밀레도에서 에베소교회 장로님들을 초청해서 송별예배를 드릴 때 고별설교 속에 언급된 내용입니다. 지금 바울이 떠나는 길은 영광의 길이 아닙니다. 말 그대로 고난과 환난의 길, 생명을 잃을 수 있는 위험천만한 길입니다. 실제로 바울은 이후에 '로마'에 가서 그의 가슴에 불붙어 있던 십자가 복음을 전하다가 그곳에서 순교합니다. 사도 바울은 세상 물정을 모를 만큼 어리석은 사람이 아닙니다. 그런데 무엇이 바울로 하여금 고난을 두려워하지 않고, 목숨을 조금도 아까워하지 않게 만들었겠습니까? 그가 깨달은 소명과 사명 때문이었다고 밖에 달리 설명할 길이 없습니다.

　'소명'은 '구원하시는 하나님의 은혜로 부르심을 받았다'라는 뜻입니다. 따라서 신학적으로 보면 바울을 비롯한 하나님의 구원은총을 입은 사람은 전부가 소명자입니다. 목회자나 선교사, 신학자만 소명자가 아니라 하나님이 베푸시는 구원은총을 입은 모든 성도는 소명자입니다. 하나님의 은혜로 구원받은 모든 소명자들이 하나님께서 이 세상을 사는 동안 시키실 일이 무엇인가를 깨달을 때 사명을 깨달았다고 합니다. 소명자들이 깨닫는 '사명'은

크게 두 가지로 나타납니다. 교회 안에서는 '직분'으로 나타나고, 교회 밖에서는 '직업'으로 나타납니다.

결국, 하나님은 하나님께서 만세 전에 택하여 부르신 하나님의 자녀들이 교회 안에서는 직분을 통해서 하나님께 영광 올려드리는 사명을 감당하게 하시고 교회 밖에서는 훈련된 전문성과 직업을 통해서 구원받은 은총을 증명하게 하십니다. 이런 의미에서 모든 그리스도인은 소명자인 동시에 사명자인 것입니다.

하나님은 그리스도인들이 이런 의미를 가진 소명과 사명의 관계를 잘 이해하고 성도들이 삶 속에서 주어진 사명을 더욱 잘 감당하도록 하기 위해서 주시는 것이 바로 '은사'입니다. 결국, 하나님께서 주신 은사를 가지고 자신에게 주어진 사명을 신실하게 감당하면서 평생을 살아갈 때 하나님이 주신 구원의 은혜인 소명이 궁극적으로 완성되어 가는 것입니다. 사도 바울은 이 놀라운 진리를 깨닫고 이와 같은 고백을 합니다.

"24.내가 달려갈 길과 주 예수께 받은 사명 곧 하나님의 은혜의 복음을 증언하는 일을 마치려 함에는 나의 생명조차 조금도 귀한 것으로 여기지 아니하노라"(사도행전 20:24)

십자가만을 자랑하는 삶은 하나님께서 나를 불러 주신 은혜의 소명과 그 은혜의 소명을 이루어 드리기 위해 주어진 사명을 하나님 주신 특별한 은사로 늘 이루어 가는 삶입니다.

  축구선수 이영표씨는 축구계에서 예수님을 잘 믿는 그리스도인으로 유명합니다. 이영표 선수가 이 이런 고백을 한 적이 있습니다.

  "사명은 막연한 저 멀리에 있는 것이 아닙니다. 하나님께서 우리에게 주신 24시간 지금, 이 순간에 만나는 작은 일이 바로 하나님께서 우리에게 주신 사명입니다. 이 사명을 제대로 감당하는 것이 바로 십자가를 자랑하는 소명자의 삶이요, 온전한 사명자의 삶입니다."

  이영표 선수의 간증 속에서 십자가만을 자랑하는 삶을 어떻게 살아가야 할 것인가에 대한 중요한 실마리를 얻을 수 있습니다. 사명은 지금 하나님께서 나에게 보여 주시고, 허락하신 일을 제대로 감당하는 것입니다. 지금, 오늘 나에게 주어진 일이 무엇입니까? 가정에서, 내가 일하는 일터에서, 나의 일상에서 하나님께서 어떤 일을 보여 주셨습니까? 그 일에 신실한 삶을 사는 것이 바로 십자가만을 자랑하는 소명자의 삶이며 사명의 길을 걸어가는 것입니다.

자신은 낮추고 복음은 크게, 삶의 모든 현장에서 최선을 다하는 '나'

정리하자면 이것입니다. 십자가의 길을 걷기 위해, 오늘 '십자가만을 자랑하는 삶을 살기 위해' 결단해야 할 것은 이것입니다. 복음은 크게, 할 수 있는 한 더 크게 자랑하고 전하며 자신의 목소리는 낮춥시다. 어떤 상황 속에서도 하나님께 받은 소명과 사명을 붙드는 사명자가 되길 바랍니다. 이렇게 결단하고 주님 가신 십자가의 길을 걸어갈 때 주님이 우리 손 꼭 붙잡아 주시고 능히 감당할 수 있는 능력과 은혜를 공급해 주실 것입니다.

십자가만을 자랑하는 것이 온전한 사명자의 삶입니다.

6

예수님 한 분만으로 만족하는 삶이
되게 하옵소서

- 갈라디아서 1:11~17 -

11형제들아 내가 너희에게 알게 하노니 내가 전한 복음은 사람의 뜻을 따라 된 것이 아니니라 12이는 내가 사람에게서 받은 것도 아니요 배운 것도 아니요 오직 예수 그리스도의 계시로 말미암은 것이라 13내가 이전에 유대교에 있을 때에 행한 일을 너희가 들었거니와 하나님의 교회를 심히 박해하여 멸하고 14내가 내 동족 중 여러 연갑자보다 유대교를 지나치게 믿어 내 조상의 전통에 대하여 더욱 열심이 있었으나 15그러나 내 어머니의 태로부터 나를 택정하시고 그의 은혜로 나를 부르신 이가 16그의 아들을 이방에 전하기 위하여 그를 내 속에 나타내시기를 기뻐하셨을 때에 내가 곧 혈육과 의논하지 아니하고 17또 나보다 먼저 사도 된 자들을 만나려고 예루살렘으로 가지 아니하고 아라비아로 갔다가 다시 다메섹으로 돌아갔노라

내 삶에 가장 위대한 발견은 예수그리스도를 만난 것입니다.

과학자들은 모든 현대과학의 출발점으로 전자의 발견을 꼽습니다. 전자가 발견되지 않았다면 우리가 사용하는 가전제품이나 컴퓨터와 같은 현대의 전자기기들도 발명되지 않았을 것이라고 합니다. 역사적으로 조지프 존 톰슨(Joseph John Thomson, 1856~1940)이라는 인물이 전자의 존재를 발견해서 1906년 노벨물리학상을 받았습니다. 톰슨은 하나님 앞에 부르심을 받을 때까지 수많은 중요한 과학적 발견들을 해냈습니다. 그 아버지에 그 아들, 부전자전이라고 그의 아들인 조지 패짓 톰슨(George Paget Thomson, 1892~1975)도 1937년에 노벨물리학상을 받습니다.

아버지, 조지프 존 톰슨과 관련해서 아주 유명한 일화가 있습니다. 세상을 떠나기 직전에 제자들이 아버지 톰슨을 만나서 지금까지 발견한 과학적 발견 중에 무엇이 가장 중요한 것이었냐고 물었답니다. 제자들은 당연히 전자라고 대답할 줄 알았겠지요? 이때 톰슨은 단 1초도 지체하지 않고 전혀 다른 대답을 내놓습니다.

"내 생에의 가장 위대한 발견, 그것은 바로 예수 그리스도입니다. 나는 예수님 한 분 때문에 인생의 의미를 찾았고, 살아갈 용기를 얻었고, 이 세상에서의 기쁨만이 아니라 영원한 세상에서의 기쁨을 발견했습니다."

우리 모두의 영혼을 뒤흔드는 대답입니다. 예수님 한 분만으로, 우리가 주로 고백하는 예수님 한 분만으로 정말 만족하는 인생을 지금 살고 계십니까?

예수님을 만나면 삶의 방향이 달라집니다.
갈라디아서는 바울이 예수님을 만나기 이전의 삶과 예수님을 만난 이후에 자신의 생각과 세계관과 삶의 목적과 방향과 일상이 어떻게 변화되었는가를 보여 주는 대표적인 말씀입니다. 먼저 예수님 만나기 이전, 십자가 보혈의 능력을 경험하기 이전의 자신의 현주소를 바울은 이렇게 표현합니다.

"내가 이전에 유대교에 있을 때에 행한 일을 너희가 들었거니와 하나님의 교회를 심히 박해하여 멸하고 내가 내 동족 중 여러 연갑자보다 유대교를 지나치게 믿어 내 조상의 전통에 대하여 더욱 열심이 있었으나(다)" (갈라디아서 1:13-14)

바울은 예수님을 만나기 전 자신의 상황을 "이전에 유대교에 있을 때에"라고 표현합니다. 이미 바울서신 이곳저곳에서 밝히는 대로 바울은 유대교에 있을 때는 자기 동족 중에 가장 탁월한 유대인이었고 누구보다 조상들의 전통에 충실한 사람이었습니다. 그 열정으로 주님의 교회를 격렬하게 핍박했고 심지어 당대 교회의 가장 중요한 지도자인 스데반 집사가 돌에 맞아 순교하는 현장에서 분노한 유대 동족들의 옷을 지켜 주는 역할을 했던 사람입니다.

더 자세히 바울의 고백을 보면 "너희가 들었거니와"라고 표현합니다. 바울의 과거를 지금 갈라디아교회 성도들이 다 알고 있다는 것입니다. 본문 14절을 보면 '연갑자'라는 표현이 나오는데 이것은 '비슷한 나이 또래', '동년배'라는 말입니다. 당대에 비슷한 동년배들 가운데 자신이 가장 열정적으로 유대교를 믿었고, 그 누구보다도 조상들의 전통을 지키는 데 열심이었다는 것입니다. 당시 유대인들은 율법 외에도 랍비였던 서기관이 율법을 재해석한 613가지의 전통을 지키는 사람을 가장 훌륭한 유대인으로 인정했습니다. 바울은 자신이 바로 그런 사람이었다는 것입니다.

그리고 바울의 고백(13절)은 "하나님의 교회를 심히 박해하여 멸하고(했다)"입니다. 한 마디로 하나님의 교회를 심하게 박해했을 뿐 아니라, 그 정도에 머물지 않고 아예 없애버리고 뭉개버리려고 혈안이 되어있었다는 것입니다. 이런 자신의 모습을 또 다른 성경인 디모데전서에서는 이렇게 적나라하게 묘사합니다.

"내가 전에는 비방자요 박해자요 폭행자였으나 도리어 긍휼을 입은 것은 내가 믿지 아니할 때에 알지 못하고 행하였음이라" (디모데전서 1:13)

십자가에 달려 죽으신 예수 그리스도와 전혀 상관없는 인생이 바로 바울이 되기 전인 사울의 인생이었습니다. 이런 인생이 예수님을 만나 변화되었습니다. 바울은 변화된 모습을 고린도전서에서 스스로 이렇게 고백합니다.

"그러나 내 어머니의 태로부터 나를 택정하시고 그의 은혜로 나를 부르신 이가 그의 아들을 이방에 전하기 위하여 그를 내 속에 나타내시기를 기뻐하셨을 때에 내가 곧 혈육과 의논하지 아니하고" (고린도전서 1:15-16)

이 구절에 하나님께서 바울에게 행하신 일 세 가지가 표현되어 있습니다.

"택정하시고" "부르시고" "나타내시고"

바울은 하나님께서 먼저 자신을 택정하셨는데 그 시점이 모태에서부터였다고 고백합니다. 자신이 선택받은 것은 전적으로 하나님의 주권에 기초한 것을 강조하는 바울의 증언입니다. 부르심을 받은 것도 역시 하나님의 은혜로 부름 받았다고 고백합니다. 하나님께서 베푸신 은혜가 아니면 자신은 아무것도 아니라는 것입니다.

여기에 더욱 중요한 것은 "그를 내 속에 나타내셨다"(16절)는 말씀입니다. 이 말씀은 "하나님께서 예수 그리스도를 특별하게 계시해 주셨다."라는 말씀입니다. 하나님께 특별한 은혜를 받은 자가 바로 사도 바울 자신이라는 것입니다. 이제 바울이 이런 기가 막힌 은혜를 입은 결과 어떤 존재로 변화되었는가를 유의 깊게 보십시오. "그의 아들을 이방에 전하는 사람"(16절), 즉, 이방인들을 위한 사도가 되었다고 자신의 정체성을 밝힙니다.

바울은 이전에는 십자가의 복음과 그리스도인들을 비방하는 자요 박해자요 폭행자였으나 하나님의 택정하심과 부르심과 부활하신 예수님을 보여 주시는 특별계시를 다메섹으로 가는 길에서 받았습니다. 그리고 이제는 십자가의 복음을 위하여 죽음을 각오하고 유대인들이 아닌 이방인 전도를 위해 바로 전도 여행을 떠납니다. 그 증거가 예루살렘으로 가지 않고 아라비아로 간 것입니다.

팔레스타인 땅 바로 옆에 붙어 있었던 가까운 아라비아는 바울이 활동하던 당시 비유대인들로 구성된 나바티안 왕국이 통치하던 지역이었습니다. 그곳에서 복음을 전하다가 바울은 나바티안 왕국의 아레타 왕에게 죽음의 위협을 받고 광주리를 타고 도망을 가는 우여곡절을 겪습니다.

"다메섹에서 아레다 왕의 고관이 나를 잡으려고 다메섹 성을 지켰으나 나는 광주리를 타고 들창문으로 성벽을 내려가 그 손에서 벗어났노라" (고린도후서 11:32-33)

그리스도의 십자가 보혈은 우리를 모든 것에 만족하게 합니다.

그리스도를 만난 이전과 이후의 바울의 인생을 말 그대로 BC(before christ)와 AD(Anno Domini)로 나누어집니다. 그리스도의 십자가를 경험한 후 그의 인생은 여러 가지 상상할 수 없는 어려운 일을 겪지만, 그 속에서도 예수님 한 분만으로 만족하는 인생으로 변화됩니다. 그래서 그는 빌립보 성도들에게 이렇게 고백합니다.

"나는 비천에 처할 줄도 알고 풍부에 처할 줄도 알아 모든 일 곧 배부름과 배고픔과 풍부와 궁핍에도 처할 줄 아는 일체의 비결을 배웠노라" (빌립보서 4:12)

바울의 이 고백이 어떻게 들리십니까? 예수님 한 분으로 인해 이런 고백을 한다는 것은 정말 어려운 일입니다. 그런데 바울은 어떻게 예수님 한 분만으로 만족하는 인생이 되었겠습니까? 로마서에서 바울은 그 이유를 이렇게 설명합니다.

"누가 정죄하리요 죽으실 뿐 아니라 다시 살아나신 이는 그리스도 예수시니 그는 하나님 우편에 계신 자요 우리를 위하여 간구하시는 자시니라 누가 우리를 그리스도의 사

랑에서 끊으리요 환난이나 곤고나 박해나 기근이나 적신이나 위험이나 칼이랴" (로마서 8:34~35)

예수님의 십자가 사랑이 너무 커서, 십자가에서 흘리신 보혈과 나를 구하신 예수님의 붙드심과 인도하심이 도저히 말로는 다 표현할 수 없는 것이기 때문이라 고백합니다. 세상의 무엇도 끊을 수 없고 끊기지 않는 사랑 때문에 예수님 한 분만으로 만족한다는 사랑의 고백을 합니다. 그러니 어찌 다른 곳을 쳐다보고 어찌 다른 것에 한눈팔고 어찌 십자가 복음 외에 다른 것으로 자신의 가슴을 채울 수 있겠느냐는 것입니다.

한 목사님이 열심히 사역하던 중 갑자기 질병이 찾아오고 다급하게 처리해야 할 개인적인 일들이 많이 생기면서 마음에 평안이 사라지게 되었습니다. 급한 마음에 이리저리 도움도 요청하고 나름대로 해결해 보려고 몸부림을 치는데 자꾸만 수렁 속에 빠져들어 가는 느낌을 받았습니다. 그러던 어느 날 아침에 늘 일상적으로 하던 성경통독의 흐름을 따라 로마서 8장을 읽어 가다가 바울이 하나님의 사랑을 고백한 그 말씀이 눈에 들어오게 되었습니다.

"누가 정죄하리요 죽으실 뿐 아니라 다시 살아나신 이는 그리스도 예수시니 그는 하나님 우편에 계신 자요 우리를 위하여 간구하시는 자시니라 누가 우리를 그리스도의 사랑에서 끊으리요 환난이나 곤고나 박해나 기근이나 적신이나 위험이나 칼이랴" (로마서 8:34~35)

이 말씀을 읽어 나가면서 마음속에 이런 생각이 떠오르더랍니다. '나는 지금 그리스도의 사랑을 깊이 묵상할 여유가 없어'. 그렇게 계속해서 성경을 습관적으로 읽을수록 마음은 계속 답답하고 무엇인가에 짓눌린 듯한 느낌을 받았습니다.

그때 갑자기 머릿속에 떠오르는 장면이 하나 있었습니다. 국민학교에 입학기도 전인 어린 시절, 추석 전날 시장통에서 어머니를 잃어버렸던 날의 기억입니다. 시장통을 가다가 엄마가 없다는 사실을 깨닫고 순간 무서움이 밀려왔습니다. 엄마는 엄마대로 시장통을 헤매다가 온 얼굴에 땀이 범벅이 되었습니다. 그러다가 혼자서 울고 있는 아들을 어머니가 시장 한 귀퉁이에서 만났습니다. 그때 어머니가 자기를 보자마자 벼락같은 소리로 야단을 치는 소리가 귀에 환청처럼 꽉 차더랍니다.

"엄마 잃어버리면 그냥 그 자리에 가만 있으라고 했지!!! 이렇게 울고 돌아다니면 엄마가 너를 어떻게 찾니?

정말 잃어버릴 뻔했잖아!"

엄마를 만나고 더 혼이 났던 장면이 선명하게 떠오르더랍니다. 그 순간 그 목사님의 마음속에 깨달음이 왔다고 합니다.

"아! 내가 지금 또다시 옛날처럼 잘못을 하고 있구나! 지금도 내가 할 일은 나를 사랑하시는 주님만 내 마음에 가득 채우는 것이구나. 사람들의 도움 받으려고 시간 낭비하지 말고 주님 한 분만으로 만족하는 순간순간을 사는 것이 내가 해야 할 일이구나!"

이것이 깨달아지면서 묵상하는 마음의 빗장이 열리고 어깨에 걸머졌던 무거운 짐이 스르르 벗겨지는 것을 경험합니다. 이 이야기의 주인공은 부끄럽지만 저입니다.

인간이란 근본적으로 어떤 존재입니까? 유행가 제목으로 이렇게 정리할 수 있습니다. 인간은 "나는 문제없어" 아니면 "내가 제일 잘나가"를 노래합니다. 그러다가 "안되는 줄 알면서 왜 그랬을까?"로 바뀝니다. 그리고 "난 참바보처럼 살았군요."로 정리되는 것이 인생의 현주소입니다. 인간이 주님의 십자가 앞에 다시 서며 회복해야 할 것은 다른 것이 아닙니다.

 내 인생을 주님 한 분만으로 만족하는 인생의 틀걸이를 새롭게 세우는 것입니다. "주님 한 분만으로 만족하는 인생"이 되게 해 달라고 마음속으로 부르짖으면서 말씀 앞에 서야 합니다. 여전히 혼란스러운 것이 있고 인간적으로 걱정을 많이 하는 것도 여전히 있습니다. 그러나 과정에서 깨닫는 것이 있습니다.

 제가 아무리 모태신앙으로 신앙생활을 시작했고, 신학을 공부하고, 목사안수를 받은 후 만 30년이 지난 시점에서 계속 목회를 하고 있지만 영적인 시각에서 저 자신을 냉정하게 점검할 때, 여전히 가장 큰 어려움은 저의 마음속에 예수님으로만 가득 차고, 예수님 한 분만으로 만족하는 상황이 되지 않는 것입니다. 스스로 자신을 돌아보면 십자가에 달리신 주님이 말씀하시는 것보다, 예수님이 세워주신 기준보다, 여전히 내가 옳다고 생각하는 대로 말하고 산다는 것입니다.

 진정으로 십자가에 달려 죽으신 예수님의 보혈만이 나의 죄를 씻는 줄 믿는다면 예수님의 사랑만이 이 세상의 모든 문제를 해결하는 열쇠인 줄 믿는다면 죽음을 이기시고 부활하신 예수님만이 온 땅의 왕이 되셔서 이 세상의 모든 역사를 주관하는 줄 믿어야 합니다. 왕 되신 주님이 나를 사랑하셔서 오늘도 나의 삶을 인도하시는 것을 믿어야 합니다.

말씀 앞에서 우리에게 필요한 것은 그동안 예수님 한 분만으로 만족하지 못하고 나의 경험과 나의 한계 있는 판단으로 함부로 판단하고 쉽게 결정했던 일들을 회개하는 것입니다. 이제는 만왕의 왕이신 예수님 한 분만으로 만족하고 그 보혈의 능력으로 나를 덮어 주셔서 순간순간을 예수님이 주시는 힘으로 살아내는 것입니다. 인간적인 시각에서 부족한 것 있더라도 주님 한 분만으로 만족하는 십자가 수혜자의 삶을 살아가는 복된 인생 되기를 간절히 소망합니다.

우리에게 필요한 것은 오직 예수님 한 분만으로
만족하는 것입니다.

7

십자가에 못 박힌 삶이 되게 하옵소서

- 갈라디아서 2:20 -

내가 그리스도와 함께 십자가에 못 박혔나니 그런즉 이제는 내가 사는
것이 아니요 오직 내 안에 그리스도께서 사시는 것이라 이제 내가 육체
가운데 사는 것은 나를 사랑하사 나를 위하여 자기 자신을 버리신 하나
님의 아들을 믿는 믿음 안에서 사는 것이라

세상을 떠난 전 문화부 장관 이어령 선생님께서 세상을 떠나면서 '죽음을 기억하라'라는 라틴어 경구, '메멘토 모리'라는 말이 많은 사람들에게 회자되었습니다. 모든 사람이 가야 할 이 세상의 마지막 종착지가 죽음이지만 죽음 이후에 영원을 생각해야 한다는 것을 시대적 지성으로 일깨워 주고 갔다는 점에서 이어령 교수님의 죽음은 큰 의미가 있습니다. 더더욱 그분 스스로 하나님의 자녀로 죽음을 맞이했다는 것은 큰 울림을 줍니다.

 좀 무거운 질문을 던져 봅니다. 정말 죽음이란 무엇일까요? 살다 보면 상투적인 말로 '죽겠다'라는 말을 쉽고 자주 하는 경우가 있습니다. 그런데 조금만 깊이 생각해 보면 '죽겠다, 죽는다, 죽음'이라는 것은 쉽게 사용할 수 있는 말이 아닙니다. 죽음은 말 그대로 살아 있는 생명체가 가진 모든 생물학적 기능이 중지되는 것을 말합니다. 그래서 '심장이 멎는다.'라거나 ' 숨이 멎었다.'라는 말로도 대신합니다.

중요한 것은 숨이 끊어진 상태에 들어간 죽은 이에게는 세상에서의 소망은 더 이상 없다는 것입니다. 그런데 사도 바울은 본문에서 이 죽음과 관련하여 묘한 고백을 합니다.

"내가 그리스도와 함께 십자가에 못 박혔나니 그런즉 이제는 내가 사는 것이 아니요 오직 내 안에 그리스도께서 사시는 것이라 이제 내가 육체 가운데 사는 것은 나를 사랑하사 나를 위하여 자기 자신을 버리신 하나님의 아들을 믿는 믿음 안에서 사는 것이라" (갈라디아서 2:20)

'죽음'을 '십자가에 못 박혔다.'라고 고백합니다. 십자가에 못 박혔으니 완전히 죽었다는 것입니다. 그런데 본문을 자세히 보면 십자가에서 못 박혀서 완전히 죽었는데 후반부에 다시 살아났다는 아이러니한 고백을 합니다. "죽었는데 살아났다." 이상한 고백입니다. 서로 충돌되는 말입니다. 그래서 죽음과 살아있음의 충돌이 역설적인 바울의 이 고백을 다시 정리하면 이런 말입니다.

"나는 예수님과 함께 십자가에 못 박혀 이미 죽었습니다. 내가 살아있는 것은 내가 아닙니다. 십자가 안에서 나는 완전히 죽고 다시 3일 만에 부활하신 예수 그리스도께서 나를 통해 사십니다."

이렇게 그리스도의 십자가에 못 박힌 삶, 나는 죽고 나를 통해 그리스도께서 사는 삶은 바울의 통해서 볼 때 크게 두 가지 의미를 가지고 있습니다.

십자가에 못 박힌 삶은 내 삶의 주인이 내가 아니라 예수님이 주인인 삶을 의미합니다.
이미 우리가 알고 있는 대로 사도 바울은 예수님을 만나기 전에 유대교를 믿으며 누구에게도 뒤지지 않는 종교적 열정을 가진 바리새인이었습니다. 빌립보서 3장 6절에서 스스로 고백하는 대로 "율법의 의로 한다면 자신은 흠이 없는 자"라는 자부심이 있었습니다. 완전한 사람이었다는 이 말은 아무나 할 수 있는 말이 아닙니다.

그런데 예수님을 만나보니 자기 자아와 자기 의가 주인 된 삶이 허망하다는 것을 깨달았습니다. 그래서 자신은 예수 그리스도의 십자가를 경험한 이후 내가 내 삶의 주인인 삶이 아니라 예수님이 내 삶의 주인인 삶을 살게 되었다고 선언한 것입니다.

사랑하는 여러분! 우리가 새벽을 깨워 하나님 앞에 기도의 무릎을 꿇는 이유가 어디에 있습니까? 하나님 앞에 기도하기 위해 두 손을 모은다는 것은 "이제는 내가 내 삶을 이끄는 주인이 아니라 나의 기도를 받으시는 하나님께서 내 삶의 주인입니다. 주님께서 내 삶을 이끌어 주셔야만 합니다."라는 고백적 행동입니다. 그래서 어떤 신학자는 우리가 하나님께 드리는 기도를 이렇게 정리합니다. "예수님의 이름으로 기도하는 사람은 온 우주의 주인이 예수님이신 것을 인정하는 사람이다. 그러므로 기도하는 사람은 자기의 주인도 십자가에 달려 죽고 부활하신 예수님이심을 인정하는 사람이 될 수밖에 없다."

사랑하는 여러분! 이 말이 어떻게 받아들이십니까? 100%, 절대적으로 인정할 수밖에 없는 진리입니까? 일상에서 나는 죽고 예수님으로만 사는 삶을 사십니까?

예수님을 영접하고 내가 하나님이 허락하시는 영생을 받은 하나님의 백성이 되었다는 것은 단순히 예수님이 나를 위하여 십자가에 죽으셨다는 역사적인 사건을 믿는다는 의미 그 이상의 더 큰 의미가 있습니다. 내가 세례받고 구원받은 하나님의 자녀가 되었다는 것은 예수님이 나와 한 몸이 되시고, 옛사람은 죽고 예수님이 자신의 생명이 되는 것입니다.

생명의 본질이 바뀌는 것이 예수님을 영접하는 것입니다. 로마서 6장 3-5절 말씀을 보십시오.

"3. 무릇 그리스도 예수와 합하여 세례를 받은 우리는 그의 죽으심과 합하여 세례를 받은 줄을 알지 못하느냐 4. 그러므로 우리가 그의 죽으심과 합하여 세례를 받음으로 그와 함께 장사되었나니 이는 아버지의 영광으로 말미암아 그리스도를 죽은 자 가운데서 살리심과 같이 우리로 또한 새 생명 가운데서 행하게 하려 함이라 5. 만일 우리가 그의 죽으심과 같은 모양으로 연합한 자가 되었으면 또한 그의 부활과 같은 모양으로 연합한 자도 되리라"

2000년 전 갈보리 십자가에서 예수님만 죽은 것이 아닙니다. 십자가에서 사도 바울도 죽었고 나도 죽은 것입니다.

성도들 가운데 종종 이런 안타까운 고백을 가지고 상담을 요청하는 분들이 있습니다. "목사님, 하나님 뜻대로 살려고 몸부림을 치는데 왜 이렇게 죄와 유혹 앞에 자주 넘어지고 잘 안될까요? 문제가 어디에 있는 것일까요?" 정말 왜 이런 일이 신앙생활을 나름대로 열심히 한다고 하는 우리의 삶에 벌어지는 것일까요?

성경을 종합해 보면 이 질문에 대한 하나님 말씀의 대답은 의외로 간단하다는 것을 발견하실 수 있을 것입니다. 대답은 자아가 죽지 않고 여전히 펄펄 살아있기 때문입니다. 하나님 뜻대로 살려고 몸부림을 치는데 그 몸부림치는 주체가 여전히 자기 자신입니다. 그러니까 발버둥을 쳐도 자기가 주인이 되어 발버둥을 치는 것이고, 힘을 내서 하나님이 기뻐하시는 선한 일을 성취하려고 애를 써도 자기 힘만 가지고 하려고 하니까 여전히 성취하기가 어려운 것입니다.

열심을 내고 온갖 노력을 기울인다고 하는데 허망한 결과를 맞이할 때가 있다면 그 일은 자신의 입장에서 자신이 만족하는 수준에서 열심히 한 것일 가능성이 큽니다. 예수님께서 어떤 생각과 계획을 가지고 계신지, 하나님의 뜻이 무엇인지가 중요한 것이 아니라 자신이 얼마만큼 열심을 다하고 있는지, 사람들에게 나 자신을 얼마만큼 보여줄 수 있는지가 중요할 뿐이라면 절대로 아름다운 열매를 맺을 수가 없습니다. 복음서를 보면 예수님께서는 이런 사람들을 바리새인과 서기관과 같이 자기 의에 빠진 사람이라고 강력하게 비판하셨습니다.

정말 죄를 이기며 살고 싶습니까? 주님 주시는 진정한 기쁨과 감사가 충만한 삶을 살고 싶습니까? 순간순간 응답이 있는 살아 있는 기도의 삶을 살기 원하십니까? 세상의 소금과 빛이 되기를 원하십니까? 가정을 구원하기 원하십니까? 내가 가진 직업과 사업을 통하여 하나님의 일을 하기 원하십니까? 나의 작은 삶의 한 자락을 통해서라도 주님이 빙그레 미소 짓는 일을 하시고 싶습니까?

그렇다면 "십자가에서 죽으신 예수님과 함께 나는 죽었습니다"하고 선포하고 나를 통해 예수님께서 내 삶의 주인으로 사시도록 해야 합니다. 이것이 십자가에 못 박힌 삶을 산다는 의미입니다.

그런데 아무리 생각해도 가정에서든지, 일터에서든지, 교회에서든지, 내가 움직이는 삶의 반경에서 나는 죽고 예수님이 주인이신 삶을 살고 있지 못하다면 성령께서 허락하시는 강권적인 은혜로 변화되는 역사를 경험하기를 축복합니다.

십자가에 못 박힌 삶은 주님이 공급하시는 힘과 지혜로 사는 삶입니다.

십자가 복음을 믿고 구원받은 사람이 가장 먼저 깨닫는 인간의 실존이 있습니다. 바로 자신이 하나님 앞에 감히 설 수 없는 부족한 죄인임과 동시에 아무것도 자랑할 것이 없는 나약한 존재라는 것을 깨닫는 것입니다. 그래서 이렇게 고백합니다. "내가 나 된 것은 오직 하나님의 은혜입니다. 하나님의 은혜의 공급이 없으면 나는 아무것도 아닙니다." 그래서 구원받은 사람에게는 날마다 그 마음속에 겸손과 회개의 영이 있습니다.

사도 바울의 삶을 다시 한번 조명해 보겠습니다. 사도 바울은 27권으로 구성된 신약성경 가운데 절반이 넘는 14권의 신약성경을 집필한 인물입니다. 이런 능력의 소유자인 그가 고린도후서 12장 9절을 보면 이런 고백을 합니다.

"나에게 이르시기를 내 은혜가 네게 족하도다 이는 내 능력이 약한 데서 온전하여짐이라 하신지라 그러므로 도리어 크게 기뻐함으로 나의 여러 약한 것들에 대하여 자랑하리니 이는 그리스도의 능력이 내게 머물게 하려 함이라" (고린도후서 12:9)

겸손의 영이 그를 압도하고 있습니다. 실제로 성경 역사를 보면 일관된 흐름이 있습니다. 하나님은 강하고 잘난 사람보다 약한 자에게 능력을 덧입혀 그 사람 쓰신다는 것입니다. 오히려 결점 많고, 연약하고, 문제투성이인 사람들을 들어서 그런 사람들을 빚으시고 하나님의 사역에 영화롭게 사용하십니다.

왜 그러실까요? 이유가 있습니다. 스스로 부족한 점이 많다고 생각하는 사람일수록 하나님을 찾고, 하나님의 능력을 덧입기를 더 쉽고 강력하게 갈망할 수 있기 때문입니다. 하나님께서는 약하지만 겸손하게 하나님의 능력을 덧입기를 소원하는 사람, 자기 삶의 주인이 자신이 아니라 하나님이신 것을 인정하는 사람을 들어 강한 자를 부끄럽게 하십니다. 그러므로 우리가 하나님의 자녀라는 자존감이 있다면 연약하다고 해서 부끄러워할 이유가 없고 부족하다고 기죽을 이유가 없습니다. 또 뭘 좀 가지고 갖추었다고 교만할 이유가 하나도 없습니다. 연약함과 부족함을 그대로 안고 하나님께로 나아가면 하나님은 누구든지 있는 그대로의 모습을 사랑하시고 받아주십니다. "주님의 뜻대로 나에게 은혜로 허락해 주신 것들, 주님 뜻대로 마음껏 사용하시옵소서!"하는 청지기의 자세로 하나님 앞에 서면 하나님께서 하나님의 영광을 위하여 마음껏 사용하시는 더 큰 은혜를 덧입을 수 있습니다.

내 삶의 주인이 바뀐 사람, 그래서 주님이 베풀어 주시는 능력과 은혜로 사는 삶이 진짜 구원받은 사람의 삶입니다. 그런데 이런 사람의 삶 속에는 독특하게 나타나는 삶의 특징이 있습니다. 대표적인 것이 말의 변화입니다. 자신이 사용하는 언어에서 주어가 바뀌는 삶을 삽니다. 무슨 일을 했든지 '내가 했다'라고 말하지 않고 '하나님이 하셨다. 하나님께서 은혜 주셔서 가능했다.'라고 말합니다.

사람의 내면적 정신세계는 그의 표정과 태도와 말을 통해서 드러나게 되어있습니다. '내가 했다'라고 말하지 않고 '하나님이 하셨다.'라고 말한다는 것은 '내가' 칭찬받기를 바라는 것이 아니라 '하나님께서' 영광 받으시는 것을 더 기뻐하는 삶을 산다는 것을 의미합니다. 내 삶에 주인이 바뀌고 내 말에 주어가 바뀐 사람들은 그렇게 사는 것으로 기뻐하고, 그렇게 사는 것으로 만족해합니다.

우크라이나가 과거 러시아제국에 편입되어 있을 때 1897년에 우크라이나 수도인 키예프에서 태어난 골다 메이어라는 여성이 있습니다. 이 분은 이스라엘을 건국한 정치인 중 한 명이었는데 1948년 이스라엘이 건국한 이

후에 이스라엘 역사 속에 유일한 여성 총리입니다. 8살 때 미국으로 이민 가서 살다가 결혼한 후 1920년대에 영국령 팔레스타인의 키부츠에서 살았습니다. 그리고 새롭게 건국된 이스라엘 노동부 장관, 외무부 장관을 거쳐서 1969년~1974년까지 네 번째 총리를 역임합니다. 영국의 대처 수상 별명처럼 철의 여인이라고 불릴 정도로 대단한 인물입니다. 그런데 정작, 이 분에 대해서 더욱 유명한 것은 1960년부터 18년 동안 림프종 암으로 투병을 하면서 모든 공직의 임무를 다 마쳤다는 것입니다. 골다 메이어의 자서전을 보면 이런 말이 나옵니다. "나는 내 얼굴이 못생겼다는 것을 다행으로 생각합니다. 나는 못났기 때문에 기도했고, 못났기 때문에 열심히 공부했습니다...(중략)... 나의 약함은 이 나라에 도움이 되었습니다. 내가 실망할 수밖에 없었던 나의 모든 현실적 조건은 오히려 하나님의 부르심이었습니다."

사도 바울이 고린도후서 12장 9절에서 "나에게 이르시기를 내 은혜가 네게 족하도다 이는 내 능력이 약한 데서 온전하여짐이라 하신지라 그러므로 도리어 크게 기뻐함으로 나의 여러 약한 것들에 대하여 자랑하리니 이는 그리스도의 능력이 내게 머물게 하려 함이라"라고 고백한 말씀을 기억나게 하는 말입니다. "나는 약하나 약하기 때문에 하나님의 능력으로 살리라" 이것이 십자가에 못 박힌 삶입니다.

이 고백은 다시 주님의 십자가 앞에 자신을 세운 우리의 선언이어야 합니다. 이렇게 기도합시다. "주님, 저는 부족합니다. 이 험한 인생을 혼자서는 도저히 살아갈 능력이 없습니다. 도와주시옵소서. 지혜를 주시고 힘을 주시옵소서. 나의 연약함이 하나님의 강력함이 드러나는 통로가 되게 하시고, 나의 부족함이 주님의 완전하심을 나타내는 길이 되게 하옵소서!"

오늘 이 새벽이 더 이상 내가 주인이 아니고 더 이상 내 힘이 아닌 주님의 능력으로 사는 새로운 터닝 포인트가 되기를 소원합니다. 나 자신만이 아니라 우리 가족 모두가 주님을 주인으로 고백하고 실제로 주님이 주시는 능력과 지혜를 덧입으며 사는 은혜가 임하기를 축복합니다.

내 인생의 주인이신 주님께서 주시는 능력으로 살게 하옵소서!

내 삶의 주인이 바뀐 사람, 그래서 주님이 베풀어 주시는
능력과 은혜로 사는 사람이 진짜 구원받은 사람의 삶입니다.

8

진정한 종의 삶을 살게 하옵소서

- 고린도전서 9:13~23 -

13성전의 일을 하는 이들은 성전에서 나는 것을 먹으며 제단에서 섬기는 이들은 제단과 함께 나누는 것을 너희가 알지 못하느냐 14이와 같이 주께서도 복음 전하는 자들이 복음으로 말미암아 살리라 명하셨느니라 15그러나 내가 이것을 하나도 쓰지 아니하였고 또 이 말을 쓰는 것은 내게 이같이 하여 달라는 것이 아니라 내가 차라리 죽을지언정 누구든지 내 자랑하는 것을 헛된 데로 돌리지 못하게 하리라 16내가 복음을 전할지라도 자랑할 것이 없음은 내가 부득불 할 일임이라 만일 복음을 전하지 아니하면 내게 화가 있을 것이로다 17내가 내 자의로 이것을 행하면 상을 얻으려니와 내가 자의로 아니한다 할지라도 나는 사명을 받았노라 18그런즉 내 상이 무엇이냐 내가 복음을 전할 때에 값없이 전하고 복음으로 말미암아 내게 있는 권리를 다 쓰지 아니하는 이것이로다 19내가 모든 사람에게서 자유로우나 스스로 모든 사람에게 종이 된 것은 더 많은 사람을 얻고자 함이라 20유대인들에게 내가 유대인과 같이 된 것은 유대인들을 얻고자 함이요 율법 아래에 있는 자들에게는 내가 율법 아래에 있지 아니하나 율법 아래에 있는 자 같이 된 것은 율법 아래에 있는 자들을 얻고자 함이요 21율법 없는 자에게는 내가 하나님께는 율법 없는 자가 아니요 도리어 그리스도의 율법 아래에 있는 자이나 율법 없는 자와 같이 된 것은 율법 없는 자들을 얻고자 함이라 22약한 자들에게 내가 약한 자와 같이 된 것은 약한 자들을 얻고자 함이요 내가 여러 사람에게 여러 모습이 된 것은 아무쪼록 몇 사람이라도 구원하고자 함이니 23내가 복음을 위하여 모든 것을 행함은 복음에 참여하고자 함이라 노예제도는 기원전 1780년에 기록된 함무라비법전에 처음 나타납니다. 인류 역사 속에 종이나 노예가 된 사람이나 또 종이나 노예를 부리는 사람이나 모두가 사람인데 이 노예제도 때문에 여러 가지 역사적인 사건이 일어납니다. 오늘 우리가 읽은 고린도전서를 사도 바울이 기록했을 당시에 노예는 사람이 아니라 말할 줄 아는 물건으로 취급당하던 시대였습니다. 노예라는 낙인이 찍힌 존재는 주인이 마음대로 해도 아무런 벌을 받지 않는 시대였습니다.

　그런데 오늘 본문에서 바울은 폭탄선언을 합니다. 자신은 분명히 자유인으로서의 권리를 가지고 있지만 모든 사람의 종이라는 것입니다. 헬라어 성경을 보면 종이라는 단어는 '둘로스'라는 단어입니다. 둘로스는 철저하게 주인에게 예속되어 있는 노예라는 의미입니다. 지금 우리가 보고 있는 〈개역개정성경〉은 헬라어성경에 기록된 이 둘로스라는 단어를 점잖은 느낌이 드는 '종'이라는 단어로 번역하고 있지만 엄밀한 의미에서 둘로스라는 단어는 '노예'라는 단어로 번역하는 것이 더 확실하고 이해하기 쉬운 표현입니다. 종에 비해서 노예는 상황적으로 아주 강력한 표현이기 때문에 그렇습니다. 그러므로 사도 바울이 헬라어 단어 둘로스가 의미하는 그대로 나는 그리스도의 노예라고 자신의 정체성을 밝힌 것은 당시 시대 상황 속에 상상을 초월하는 폭탄선언인 것입니다.

그렇다면 왜 바울은 자유 할 수 있는 권리를 가지고 있으면서도 스스로 그리스도의 노예라고 자칭하는 것일까요? 바울은 자신이 그리스도의 노예가 되어도 마땅한 이유를 이렇게 설명합니다.

"8 또한 모든 것을 해로 여김은 내 주 그리스도 예수를 아는 지식이 가장 고상하기 때문이라 내가 그를 위하여 모든 것을 잃어버리고 배설물로 여김은 그리스도를 얻고" (빌립보서 3:8)

쉬운성경은 이 말씀을 이렇게 번역하고 있습니다.

"그것들뿐만 아니라 이 세상 그 어떤 것도 내 주 예수 그리스도를 아는 것과 비교가 되지 않습니다. 예수 그리스도를 위하여 나는 모든 것을 버렸습니다. 모든 것이 쓰레기처럼 아무런 가치가 없다는 것을 이제 압니다. 이로써 나는 그리스도를 알게 되었습니다." (빌립보서 3:8)

한 번밖에 살 수 없는 유한한 자신의 인생을 최고의 가치 있는 인생으로 살게 만드는 것이 십자가에 달려 죽으신 그리스도를 뒤따라가는 삶이라는 것을 깨달았다는 것입니다. 그래서 힘들고 어려운 길인 그리스도의 노예가 되는 십자가의 길을 걸어가기로 결심했다는 것입니다.

우리 스스로에게 한 번 질문을 던져 보기를 원합니다. "나는 과연 세상의 어떤 것보다 예수 그리스도를 아는 지식이 가장 고상한 지식이기 때문에 살아도 주님을 위하여, 죽어도 주님을 위하여 사는 그리스도의 노예인가?" 어떤 대답을 하실 수 있겠습니까?

세상의 가치 기준으로 보면 역사적으로 가장 흉악한 형틀인 십자가에 달려 가장 고통스러운 죽음을 맞이한 그리

스도의 노예로 살기로 결단했다는 것, 십자가의 길을 걸어
간다는 것, 이것은 아무리 생각해도 납득하기 어려운 선택
임이 틀림없습니다. 그런데 바울은 이 길을 주저 없이 선
택했다고 밝힙니다. 도대체 그 목적이 무엇일까요? 오늘
본문에서 바울 스스로 그리스도의 노예가 되기로 한 구체
적인 목적을 확인합니다.

바로 더 많은 사람들을 그리스도인으로 만들고 세우기
위해서라는 것입니다. 예수님의 종, 예수님의 노예가 되었
다는 것은 예수님이 가라고 하신 곳에서 예수님께서 가르
쳐 주신 방법대로 산다는 것을 의미합니다. 한 마디로 십
자가의 길을 걸어가는 것입니다. 십자가의 길을 간다는 것
은 나의 모든 것이 예수님께 속해 있기 때문에 나의 삶 전
부가 주님의 것이라는 것을 인정하면서 사는 것을 의미합
니다. 자기 것이 하나도 없이 자기 부인을 하는 삶이 노예
의 삶, 십자가의 길을 가는 삶입니다.

과연 이렇게 사는 것이 쉬울까요? 결코 쉽지 않다는 것
을 우리는 너무 잘 압니다. 보십시오. 우리가 사는 세상은
바울이 활동했던 당시나 지금이나 온통 우리더러 스스로
주인이 되는 삶을 살아야 한다고 강조하고 있습니다. 자신
의 소유 중에 사소한 것 하나도 빼앗기는 삶을 사는 것은

바보 같은 인생이라고 가르쳐 줍니다. 인류 역사가 시작된 이후로 이 세상은 얼마나 자기 소유에 민감한지 모릅니다.

유아교육 전문가로부터 이런 말을 들었습니다. 어린이집이나 유치원에서 아이들이 공동체 생활을 하면서 가장 먼저 배우는 말 중의 하나가 "내꺼야"라는 말이라고 합니다. 근본적으로 자기보호본능이 사라지지 않은 죄성에 바탕을 둔 것이 사람입니다. 양보하고 내려놓으면 바보가 된다는 것을 종용하는 세상 속에서 십자가의 길, 그리스도의 노예가 되어 산다는 것은 분명히 쉽지 않은 일입니다.

그러나 바울은 더 많은 사람을 그리스도인으로 만들고 세우기 위한 목적을 가지고 자신의 자유를 포기하고, 그리스도의 노예가 되었다는 것을 선언합니다. 한 마디로 복음 전도가 정말 중요하다는 것을 깨달았기 때문에 그리스도의 노예로서 살기로 결단했다는 것입니다.

그런데 우리의 마음속에 이런 의문이 생깁니다. 왜 이 세상에 더 많은 그리스도인이 필요한가? 왜 바울은 이토록 한 영혼이라도 더 그리스도인으로 세우는 복음전도의 중요성을 강조하는 것일까? 왜 이렇게 한 영혼의 구원에 애달파야 할까? 하는 의문입니다.

사실 바울서신을 읽어가다 보면 어쩌면 바울서신 전체가 이 질문에 대한 대답이자 변증서라고 해도 과언이 아니라는 사실을 깨닫습니다. 바울이 대답하고 있는 것을 종합해 보면 진정한 행복이 그리스도의 십자가 복음에 있기 때문입니다. 한 사람의 인생은 물론이고, 한 가정의 행복, 온 세상의 행복이 그리스도의 십자가 복음에 있기 때문입니다.

예수님을 만난 이후에 영적인 눈이 열려 세상을 보니 십자가 복음이 없는 인생은 너무 허망하고 비참한 인생으로 결말이 나더라는 것을 깨달았기 때문입니다. 이 세상이 전부가 아니라 영원한 삶이 있고 십자가 복음으로 사는 인생만이 진정한 생명을 얻어 영생을 살게 된다는 것을 깨달은 것입니다. 그래서 이렇게까지 표현합니다.

"내가 복음을 전할지라도 자랑할 것이 없음은 내가 부득불 할 일임이라 만일 복음을 전하지 아니하면 내게 화가 있을 것이로다" (고린도전서 9:16)

정말 이 말씀 그대로입니다. 십자가 복음의 능력이 무엇인지 복음이 우리에게 주는 효과가 무엇인지를 깨달으면 도저히 가만히 있을 수가 없습니다. 정말 그리스도의 노예로 십자가의 길을 걸어갈 수밖에 없습니다.

 저와 함께 제자훈련을 받은 집사님 중에 한 분이 제자훈련 수료 후에 저에게 이런 문자를 보낸 적이 있습니다.

 "목사님, 제자훈련 기간에는 아프지도 말고 죽지도 말자는 무시무시한 말을 들으면서 제자훈련을 시작한 것이 엊그제 같은데 어느덧 수료하게 되었습니다. 진심으로 감사드립니다. 그동안 모태신앙으로 50대 중반까지 꾸준히 신앙생활을 하고 있는 집사이지만 항상 '왜 나에게는 변화가 없는 걸까'를 고민하며 살아왔습니다. 그런데 제자훈련을 시작하고 매일 말씀 읽고 큐티하고 따로 기도 시간을 가지고, 주중에 말씀 암송을 하면서 신앙 필독서를 읽어나가는 것이 서서히 거룩한 습관으로 형성되어 내 삶의 우선순위가 되었습니다. 그러는 과정 중에 제 마음과 삶에 자그마한 변화가 일어났습니다. 순간순간 만나는 상황마다, 먼저 주님이 기뻐하시는 것이 뭘까, 이 일을 하는 것이, 이 말을 하는 것이 주님이 기뻐하실까를 생각하게 되었습니다. 그리고 예수님을 모르는 사람을 만나면 목사님 늘 말씀하시는 대로 죄짓는 것이 아니라면 모든 방법을 동원해서 복음을 전하려고 노력하는 삶으로 바뀌었습니다. 처음에는 왜 이런 생각을 하고, 또 왜 이런 행동을 하게 되는 것일까 스스로 의구심이 들었는데, 이제는 이런 저의 변화가 너무나 큰 기쁨과 감사로 다가왔습니다. 지금 목사님께 이 글을 보내는 순간, 제 마음은 너무 기쁩니다. 내 마음의 주인이 더 이상 내가 아니고 예수님이시고, 내 삶의 초점이 나에게서 예수님으로 바뀌는 것이 이런 것이구나 하는 것을 알게 되었습니다. 목사님, 진심으로 감사드립니다. 눈물 나도록 고맙습니다."

이런 고백을 하신 분이 지금 어떻게 사실까요? 예수님이 가장 기뻐하시는 방식으로 살려고 몸부림치며 살고 계시지 않을까요?. 아침 일찍 일어나는 순간부터 잠이 드는 시간까지 복음에 합당한 삶, 복음이 필요한 사람들에게 선한 영향력을 끼치는 삶을 살려고 늘 자신을 드리는 삶을 살아갈 것입니다. 하나님이 기뻐하시는 것에 초점을 맞추며 사니까 가정에서 그동안 일어났던 불협화음도 잦아들었다는 고백을 듣습니다. 직장에서도 때로는 포기해야 할 일도 분명히 생기지만, 그래서 손해가 나는 일도 현실적으로 경험하지만, 시간이 지나고 보면 결국 하나님께서 합력하여 선을 이루시는 것을 경험했다고 고백합니다. 그리고 자연스럽게 복음에 대해서, 교회 생활에 대해서 궁금한 것을 물어오는 지체들이 생기고, 직장 내 신우회를 통해서 선한 영향력을 끼치고 있다는 나눔을 듣고 있습니다.

성경에 기록되지 않은 지혜의 왕 솔로몬과 관련된 이야기입니다. 지혜를 찾는 한 순례자가 솔로몬을 찾아와서 "왕께서는 인간들을 보실 때 가장 신기한 것이 무엇인가요?"하고 물었답니다. 솔로몬이 이 질문에 웃으면서 이렇게 대답합니다. "내가 볼 때 세 가지가 있는데 첫째는, 어린 시절에는 어른 되기를 갈망하고 막상 어른이 되어서는 다시 어린 시절로 돌아가기를 갈망하는 것이고 둘째는, 돈을 벌기 위해서 건강을 잃어버린 다음에 건강을 되찾기 위해서 번 돈을 모두 병원과 약방에 바치는 것이 신기하고 마지막 셋째는, 지나간 일에 대해서 후회하고 미래를 염려하다가 현재를 놓쳐 버리고는 결국 미래도 현재도 둘 다 누리지 못하는 것이 신기합니다." 그러면서 한 마디를 덧붙였답니다. "결론적으로 인간은 절대 죽지 않을 것처럼 살지만, 조금 살다가 살았던 적이 없었던 것처럼 죽는 것이 참 신기합니다." 솔로몬의 이 이야기를 들은 순례자가 큰 깨달음을 얻고 솔로몬 왕을 우러러보면서 "왕이시여 이런 사람들이 세상을 살면서 꼭 알아야 할 교훈이 무엇인지 가르쳐 주십시오"하고 다시 부탁했습니다. 그때 솔로몬이 이렇게 조용하게 대답했다고 합니다. "현재를 진지하게 살되 이 세상이 전부인 것처럼 살지 않아야 진짜 행복한 삶을 살 수 있습니다."

사랑하는 여러분! 우리의 궁극적인 관심사는 무엇입니까? 우리는 분명히 모든 것에서 자유를 구가할 수 있는 자유인이지만 복음의 능력을 경험하고 스스로 십자가의 길을 따라 그리스도의 노예가 되기로 자청한 사도 바울을 통해서 배울 수 있는 것이 있습니다. 내 주변에 아직도 영생의 삶을 전혀 생각하지도 않고 준비도 하지 않는 사람들, 죽음 이후 영원한 세상이 있는 것을 알지 못하는 사람들에게 하나님 나라가 준비되어 있고, 예수님을 구주로 믿는 것이 진짜 행복한 삶이라는 사실을 전하는 일이 예수 믿고 진정한 행복자가 된 우리가 해야 할 사명입니다.

그러므로 오늘 우리의 삶도 사도 바울처럼 그리스도의 종이 되어, 노예가 되어 더 많은 사람을 그리스도인으로 얻기 위한 복음 전도를 구체적으로 실행하는 삶이 되기를 소원합니다. 오늘 하루 만나는 사람이 누구든지, 일생동안 만나는 사람이 누구이든지 그에게 예수님의 향기를 드러내는 그리스도의 대사가 되고, 복된 소식을 전달하는 그리스도의 편지가 되기를 소원합니다. 여전히 이 세상 사람들이 궁금해하고 목말라 하는 영원한 세상에 대해, 모든 인생이 가진 궁금증에 대해 십자가에 달려 죽으셨지만 3일 만에 다시 사신 예수님만이 궁극적인 대답이신 것을 우리의 말과 표정과 삶을 통해서 보여 주는 진정한 그리스도의 종, 그리스도의 노예가 되기를 소원합니다.

9

고난의 길을 따라가게 하옵소서

- 고린도후서 11:22-33 -

22그들이 히브리인이냐 나도 그러하며 그들이 이스라엘인이냐 나도 그러하며 그들이 아브라함의 후손이냐 나도 그러하며 23그들이 그리스도의 일꾼이냐 정신 없는 말을 하거니와 나는 더욱 그러하도다 내가 수고를 넘치도록 하고 옥에 갇히기도 더 많이 하고 매도 수없이 맞고 여러 번 죽을 뻔하였으니 24유대인들에게 사십에서 하나 감한 매를 다섯 번 맞았으며 25세 번 태장으로 맞고 한 번 돌로 맞고 세 번 파선하고 일 주야를 깊은 바다에서 지냈으며 26여러 번 여행하면서 강의 위험과 강도의 위험과 동족의 위험과 이방인의 위험과 시내의 위험과 광야의 위험과 바다의 위험과 거짓 형제 중의 위험을 당하고 27또 수고하며 애쓰고 여러 번 자지 못하고 주리며 목마르고 여러 번 굶고 춥고 헐벗었노라 28이 외의 일은 고사하고 아직도 날마다 내 속에 눌리는 일이 있으니 곧 모든 교회를 위하여 염려하는 것이라 29누가 약하면 내가 약하지 아니하며 누가 실족하게 되면 내가 애타지 아니하더냐 30내가 부득불 자랑할진대 내가 약한 것을 자랑하리라 31주 예수의 아버지 영원히 찬송할 하나님이 내가 거짓말 아니하는 것을 아시느니라 32다메섹에서 아레다 왕의 고관이 나를 잡으려고 다메섹 성을 지켰으나 33나는 광주리를 타고 들창문으로 성벽을 내려가 그 손에서 벗어났노라 예수님께서 갈보리 언덕에 세워진 십자가에 못 박히시고 육신의 생명이 죽음을 맞이한 성금요일입니다. 우리 주님이 고난주간에 당하신 고난 중에 최절정의 상황을 경험하신 날이 바로 오늘입니다. 주님의 고난과 죽으심 때문에 우리가 죄 씻음과 회복과 치유를 경험했다는 진리를 기억할 때 고난주간 성금요일은 은혜의 날임이 틀림없습니다. 이 은혜의 날에 주님이 당하신 십자가의 고난을 자신의 몸에 채운 사도 바울의 삶을 살펴보려고 합니다. 사도 바울의 삶을 통해 왜 우리가 예수님께서 지신 십자가 고난의 길을 따라가야 하는 성도가 되어야 하는가를 함께 살펴봅시다. 그리고 성령께서 말씀 가운데 우리에게 감동을 주셔서 허락하시는 믿음의 기도 제목을 가지고 깊은 기도를 올려드리는 귀한 날 되기를 원합니다.

먼저 고난과 고통의 문제를 한 번 살펴보겠습니다. 아담과 하와의 타락 이후로 고통에 신음하는 땅, 우리의 뿌리 깊은 죄성 때문에 서로에게 고통을 주고 고통을 받는 이 심각한 세상 속에서 우리 모두는 언제나 고난과 고통에 노출되어 있습니다. 이 세상에서 단 한 번이라도 들숨과 날숨으로 호흡한 사람은 누구도 예외 없이 고난의 과정을 경험한다는 의미입니다.

인간의 고난을 깊이 연구하는 학자들은 모든 사람이 보편적으로 경험하는 고난과 고통을 "정신적이거나 육체적으로 우리가 당하는 괴로움과 어려움"이라고 정의합니다. 그리고 고난과 고통을 그 형태에 따라 크게 세 종류로 구분합니다.

첫 번째 형태는 '형벌적인 고난' 혹은 '자신의 잘못 때문에 나타나는 인과응보적인 고난'입니다. 삶을 살면서 자신이 저지른 잘못의 결과로 겪게 되는 고난이 바로 이 고난입니다. 두 번째는 '기대하지 않았던 고난, 결백한 고난'입니다. 이 고난은 자기 자신은 직접적인 잘못이 없음에도 겪게 되는 고난입니다. 코로나19 같은 고난이 대표적입니다. 나의 잘못이 아닌데 지금 많은 연약한 어린아이들, 선량한 어르신들이 고통당하고 있는 모습 속에서 이 고난의 형태를 보는 것입니다. 그래서 이 고난은 '억울하게 당하는 고난'이라고 표현하기도 하고, 부당하게 누구에게나 주어지는 보편적 고난이라고 표현하기도 합니다.

세 번째 형태의 고난은 '다른 사람을 위해 스스로 자원하는 고난'입니다. 의를 위해 핍박을 받는 것, 하나님의 뜻을 이루기 위해 받는 고난, 그리스도를 믿기 때문에 받는 고난입니다. 이런 고난을 받는 사람을 세상에서는 의인이라고 부릅니다. 성경적으로 이 고난은 함축적으로 '구속적인 고난'이라고 부릅니다. 예수님께서 당하신 고난, 오늘 본문에서 사도 바울이 복음과 교회를 염려해서 당한 고난이 바로 이 구속적 고난입니다.

흥미로운 것은 일반적으로 자신의 잘못 때문에 일어난 형벌적 고난이나, 자신이 원인을 제공하지 않았는데도 일어나는 결백한 고난을 경험할 때는 '고난을 당한다'는 표현을 사용한다는 점입니다. 이 두 가지 고난은 자기가 고난을 받고 싶어서 받는 것이 아니기 때문입니다. 그러나 다른 사람을 위해 스스로 자원해서 받는 구속적 고난은 '고난을 당한다'는 표현을 사용하지 않고 '고난을 받는다'라고 표현합니다. 왜냐하면 구속적 고난은 고난받는 당사자가 자신의 선택과 결단으로 어떤 목표를 이루기 위해서 자원해서 고난받는 것이기 때문입니다.

본문 23-27절에서 바울은 자신이 받은 고난이 구속적 고난인 것을 밝히면서 자신이 받았던 고난이 구체적으로 무엇이었는가를 고린도교회에 알려 줍니다. 다시 한번 보십시오.

"23.그들이 그리스도의 일꾼이냐 정신 없는 말을 하거니와 나는 더욱 그러하도다 내가 수고를 넘치도록 하고 옥에 갇히기도 더 많이 하고 매도 수없이 맞고 여러 번 죽을 뻔하였으니 24.유대인들에게 사십에서 하나 감한 매를 다섯 번 맞았으며 25.세 번 태장으로 맞고 한 번 돌로 맞고 세 번 파선하고 일 주야를 깊은 바다에서 지냈으며 26.여러 번 여행하면서 강의 위험과 강도의 위험과 동족의 위험과 이방인의 위험과 시내의 위험과 광야의 위험과 바다의 위험과 거짓 형제 중의 위험을 당하고 27.또 수고하며 애쓰고 여러 번 자지 못하고 주리며 목마르고 여러 번 굶고 춥고 헐벗었노라" (고린도후서 11:23-27)

생각만 해도 가슴이 먹먹하고 몸이 부들부들 떨리는 고난의 내용들입니다. 대표적으로 본문 24절에 기록된 "유대인들에게 사십에서 하나 감한 매를 다섯 번 맞았다"라는 것은 바울이 받은 고난과 고통이 상상할 수 없는 고난과 고통이었음을 보여 줍니다.

역사적으로 유대인들은 같은 동족 유대인이 아무리 심각한 죄를 저질렀어도 사십 대 이상 때릴 수 없도록 율법에 규정되어 있었습니다. 그 근거가 신명기 25장 3절입니다.

"사십까지는 때리려니와 그것을 넘기지는 못할지니 만일 그것을 넘겨 매를 지나치게 때리면 네가 네 형제를 경히 여기는 것이 될까 하노라"(신명기 25:3)

유대인 역사를 보면 유대인들은 39대만 때리는 율법은 지키면서도 형량을 가혹하게 할 목적이 있으면 쇠가죽 셋을 꼬아 만든 채찍으로 죄인의 웃옷을 벗기고 가슴에 열 세대, 등을 스물여섯 대를 때렸다고 합니다. 그런데 그 형벌이 너무 혹독해서 39대를 다 맞기 전에 많은 죄수들이 죽는 경우가 허다했다고 합니다. 바울은 이런 40에 1대 감한 매를 5번이나 맞았다는 것입니다.

이것만이 아니라 온몸이 부서지는 것 같은 채찍으로 맞는 태장, 몽둥이로 죽도록 두들겨 맞은 경험이 3번, 돌로 얻어맞아 죽을 뻔한 것이 한 번, 배를 타고 전도 여행 가다가 파선을 당한 것이 3번, 꼬박 하루를 바다에서 표류하며 죽을 고비를 넘긴 것이 한 번입니다. 이것만이 아닙니다. "여러 번 여행하면서"로 시작되는 본문 26-27절을 보면 인간으로서 당할 수 있는 온갖 위험과 위협은 다 당해 보았다고 증언합니다.

바울이 복음을 위해서 공적인 사역을 한 기간을 30년 정도로 잡습니다. 오늘 본문에 기록된 고난을 기간의 수치로 따져 보았을 때 30년 사역 기간 중에 거의 2년 4개월마다 한 번씩 죽을 고비를 넘긴 것입니다. 인간적으로 '얼마나 힘들었을까?', '과연 그런 고통 속에서 이 세상을 살아갈 재미나 소망이 있었을까?' 하는 생각이 듭니다. 그런데 사도 바울은 이 고통과 고난을 자발적으로 감당했다는 것입니다.

도대체 무슨 이유일까요? 무슨 이유로 이성적으로는 도저히 납득이 안되는 자발적 고난, 구속적인 고난을 자처한 것일까요? 무엇 때문에 고난의 길을 자발적으로 걸어간 것일까요? 본문에서 두 가지 이유를 발견합니다.

예수님이 죽기까지 사랑하셨던 교회 사랑 때문이었습니다.

본문 28절을 다시 한번 보십시오.

"28.이 외의 일은 고사하고 아직도 날마다 내 속에 눌리는 일이 있으니 곧 모든 교회를 위하여 염려하는 것이라"

쉬운성경은 이 구절을 이렇게 번역하고 있습니다.

"다른 것들은 접어 두더라도 나는 날마다 모든 교회들에 대한 염려로 마음이 짓눌렸습니다."

바울은 스스로를 교회를 위하여 염려하는 자라고 밝히고 있습니다. 그것도 날마다 염려하는 자라고 밝힙니다. 그래서 스스로 죽을 만큼의 고난과 고통당하는 것을 자처했다는 것입니다. 사랑하는 성도 여러분, 이 말씀이 이해되십니까?

솔직히 저는 이 본문을 놓고 말씀을 준비하면서 깊이 묵상을 하는데 참 부끄러웠습니다. "나는 교회를 이렇게 사랑해 본 적이 있나? 교회를 말씀으로 섬기는 목회자로서 정말 단 한 번이라도 이렇게 바울처럼 사랑해 본 적이 있나?" 이런 질문을 던져놓고 저 자신을 점검하는 데 정말 부끄러웠습니다. 마음이 찢어지는 듯이 아팠습니다.

그리고 본문을 묵상하는 중에 지금 고난 속에 있는 중국 교회가 떠올랐습니다. 이전에 자주 가서 섬기고, 함께 말씀을 나누었던 교회의 형제자매들이었습니다. 그 성도들을 생각할 때면 날이 갈수록 중국 정부의 복음적인 기독교를 향한 핍박이 더 해가고 있지만, 그래도 중국교회는 생명력을 계속 이어가고 살아남아 있을 것이라는 확신을 가집니다.

이런 확신을 가지는 이유가 있습니다. 중국의 복음적인 교회가 가지고 있는 역사적 경험 때문입니다. 1948년 중국이 공산화되었을 때 기독교를 향한 중국 정부의 핍박은 상상을 초월했습니다. 선교사들이 추방당하고, 신학교가 문을 닫고, 목사는 감옥에 가고, 예배당은 폐쇄되는 극심한 고난의 시절을 지냈습니다. 그런데 만 60년이 훌쩍 지난 지금, 긴 고난 속에서 살아남은 교회도 있고 사라진 교회도 있었습니다. 그런데 결과론적으로 십자가 복음 붙들고 예수님의 고난을 내 몸에 채우겠다는 교회의 지도자들과 성도들은 더 벌떼 같이 일어났고 지금 중국의 복음적인 교회는 중국 공산당이 두려워할 수밖에 없는 가장 강력하고 건강한 공동체로 부흥하고 성장했습니다. 중국가정교회 지도자 한 분을 만났을 때 들었던 이야기와 그분의 눈빛을 저는 평생 잊을 수 없습니다. "지금 제가 당하는 고난과 인간적인 숨 막힘보다 십자가의 기쁨은 비교할 수 없을 정도로 큽니다."

코로나19라는 보이지 않는 바이러스가 교회와 성도들을 긴 시간 고난과 고통 속에 몰아넣는 것을 경험하며 중국기독교와 교회의 역사를 다시 생각할 수밖에 없었습니다. 그리고 지금 우리의 상황과 비교해 보았습니다. 장기화한 코로나바이러스로 인한 두려움이 사람들 사이에 퍼져있습니다. 그래서 사람들의 일상생활이 완전히 달라졌습니다.

그러나 영적으로 더욱 민감해지며 깨닫는 것이 있습니다. 우리가 정말 보아야 할 것은 코로나바이러스보다 더 무서운 죄의 바이러스라는 것입니다. 그리고 성도들의 마음을 하나 되지 못하게 분산시키고 흩어놓는 마귀의 역사에 너무 둔감해져 있다는 것을 깨닫습니다. 우는 사자같이 삼킬 자를 두루 찾아다니며 영적인 힘을 완전히 꺾어 버리는 마귀가 퍼뜨리는 죄의 바이러스에 대해서 너무 안이하게 대처하고 있다는 것을 깨닫습니다.

동시에 영적인 눈을 좀 더 크게 떠서 보면 죄의 바이러스가 우리를 엄습하지 못하도록, 주님의 보혈 위에 세워진 교회 안에 침투하지 못하도록 우리와 함께하시고 막아주시는 성령의 역사를 깨닫게 됩니다.

바이러스는 보이지 않지만 열이 나고, 기침이 나고, 폐렴으로 전이되는 것을 보고 확진되었다는 것을 알게 됩니다. 마귀의 역사도 눈에 보이지 않지만, 증상이 있습니다. 하나님을 대적하고, 거짓과 분노와 시기와 질투와 비판과 자기중심적 탐심이 증상으로 뚜렷하게 드러납니다. 마찬가지로 성령의 역사도 성령이 임한 사람에게 뚜렷한 증거가 드러납니다. 용서하고, 사랑하고, 하나 되고, 겸손하게 덕을 세우고, 앞장서 섬기고 무엇보다 아무리 어려운 상황에도 예배의 특권을 빼앗기지 않으려고 몸부림치는 것입니다.

사랑하는 여러분! 세상이 어려우면 어려울수록 성도는 더욱 성도다워야 하고, 교회는 더욱 교회다워야 합니다. 어떤 불같은 시험도 이기고, 고난과 핍박 속에도 꺾이지 않고 승리하는 교회가 되어야 합니다. 왜냐하면 주님이 피값 주고 세우신 곳이 교회이기 때문입니다, 그러므로 우리가 늘 스스로 점검해야 할 것은 "십자가의 은혜가, 십자가의 능력이, 보혈의 기쁨이 다른 무엇보다 내 안에서 크게 작용하고 있는가?"입니다.

사도 바울은 이런 이해를 가지고 교회를 바로 세우기 위해 예수님이 걸어가신 십자가의 길, 고난의 길을 자원하여 걸어간 것입니다. 그러므로 다시 주님 십자가 앞에 서기를 소원하며 새벽을 깨운 우리가 본문을 통해서 새롭게 깨닫고 결단해야 할 것은 이것입니다. "주님의 보혈 위에 세운 이 귀한 교회를 위하여 내가 감당해야 할 고난이 있다면 아무리 힘들어도 감당하리라! 이 교회를 통하여 하나님께서 꿈꾸시는 하나님 나라를 세우기 위하여 내가 지고 가야 할 십자가는 눈물이 나고, 아무리 힘들어도 지고 가리라! 하나님께서 처음 세워 주신 또 하나의 교회인 가정을 위하여, 우리 가족들을 위하여, 내가 자발적으로 감당해야 할 고난이 있다면 자원하는 심령으로 먼저 감당하리라! 십자가의 영광은 모든 것보다 크기 때문에..." 오늘 이 결단이 우리에게 세워지기를 소원합니다.

바울이 고난의 길을 자발적으로 걸어간 이유는 연약한 성도들을 향한 사랑 때문이었습니다.
본문 29-30절을 보겠습니다.

"29.누가 약하면 내가 약하지 아니하며 누가 실족하게 되면 내가 애타지 아니하더냐 30.내가 부득불 자랑할진대 내가 약한 것을 자랑하리라" (고린도후서 11:20-30)

이 말씀 역시 쉬운성경 번역으로 보겠습니다.

"누가 약해지면, 나도 약해지지 않겠습니까? 누가 걸려 넘어지면, 내 마음이 새까맣게 타지 않겠습니까? 내가 꼭 자랑해야 한다면, 나의 약함을 자랑하겠습니다."

바울이 자발적으로 연약한 자가 되어 고난을 당한 이유가 분명해집니다. 성도들의 연약함에 동참하기 위해서였다는 것입니다. 당대의 거짓 지도자들, 교만한 지도자들, 자신의 사심을 채우려고 하는 지도자들과는 완전히 결을 달리하는 모습입니다. 율법준수를 외치면서 자기 자랑에 몰두했던 당대의 바리새인들과 서기관들의 모습과는 완전히 격이 다릅니다.

십자가를 바라볼 때마다 깨닫는 진리가 있습니다. "하나님의 본체이신 예수님께서 나를 향한 사랑 때문에 바보가 되셨구나"하는 깨달음입니다. "나를 향한 사랑 때문에, 사랑의 눈이 머져서, 세상에 사랑할 대상이 나 하나밖에 없는 것처럼 여기시고, 십자가에서 고난 당하시고 죽으셨구나!"

이 진리를 2000년 전에 먼저 깨달은 선배가 바로 사도 바울입니다. 또 기독교 역사상 수많은 믿음의 선배들이 자발적 고난을 당하면서도 연약한 자들을 사랑했기 때문에 오늘날의 기독교가 되었습니다.

 우리는 예수님 걸어가신 그 십자가의 길, 고난의 길을 자원하여 걸어간 사도바울이 세계역사 속에 어떤 영향을 끼쳤는가를 잘 알고 있습니다. 바울은 십자가의 복음 없이 살다가 결국 지옥 형벌을 받을 수밖에 없는 불쌍한 영혼들을 향한 사랑 때문에, 그들을 섬기기 위해서 스스로 세상에서 불쌍한 사람이 되었습니다. 그런데 그의 삶 마지막은 전혀 불쌍하지 않았습니다.

 연약한 자들을 위해서 스스로 고난의 길을 걸어간 바울이 인생을 마무리할 때 고백한 내용을 들어 보십시오. 로마서 8장 37-39절 말씀입니다.

 "37.그러나 이 모든 일에 우리를 사랑하시는 이로 말미암아 우리가 넉넉히 이기느니라 38.내가 확신하노니 사망이나 생명이나 천사들이나 권세자들이나 현재 일이나 장래 일이나 능력이나 39.높음이나 깊음이나 다른 어떤 피조물이라도 우리를 우리 주 그리스도 예수 안에 있는 하나님의 사랑에서 끊을 수 없으리라" (로마서 8:37-39)
 세상의 가치 기준으로 보면 어리석고 무모한 것처럼 보이지만 하나님의 영광을 위하여, 주님의 교회를 위하여,

이 땅의 연약하고 불쌍한 영혼들을 위하여 주님 걸어가신 십자가의 길, 고난의 길을 걸어가는 자가 궁극적으로 만군의 주 하나님께서 베푸시는 사랑 안에서 넉넉히 이기는 궁극적인 승리자가 된다는 선언입니다.

우리에게도 동일한 선언과 고백이 있기를 소원합니다. "주님! 나도 십자가의 길, 고난의 길, 하나님의 영광을 위하여 자원해서 온 힘을 다해 걸어가겠습니다!" 이렇게 고백하고 결단하고, 우리 모두 궁극적인 승리자가 됩시다. 주님의 고난에 동참하는 자가 궁극적인 승리자가 됩니다. 주님의 피 값 위에 세워진 교회를 위하여 주저 없이 자신을 드릴 때 영광 받으신 하나님께서 강력하게 우리를 붙들어 주시는 것을 경험합시다. 십자가 복음을 위하여 두려움 없이 전진할 때 온 세상이 하나님 앞으로 돌아오는 위대한 역사를 소망 중에 바라봅시다. 우리 모두에게 죽음을 이기신 주님의 영광이 임하기를 소원하고 축복합니다.

세상이 어려우면 어려울수록
성도는 더욱 성도다워야 하고,
교회는 더욱 교회다워야 합니다.

10

십자가의 복음을 전하는 삶을 살게 하옵소서

- 로마서 1:8~17 -

8먼저 내가 예수 그리스도로 말미암아 너희 모든 사람에 관하여 내 하나님께 감사함은 너희 믿음이 온 세상에 전파됨이로다 9내가 그의 아들의 복음 안에서 내 심령으로 섬기는 하나님이 나의 증인이 되시거니와 항상 내 기도에 쉬지 않고 너희를 말하며 10어떻게 하든지 이제 하나님의 뜻 안에서 너희에게로 나아갈 좋은 길 얻기를 구하노라 11내가 너희 보기를 간절히 원하는 것은 어떤 신령한 은사를 너희에게 나누어 주어 너희를 견고하게 하려 함이니 12이는 곧 내가 너희 가운데서 너희와 나의 믿음으로 말미암아 피차 안위함을 얻으려 함이라 13형제들아 내가 여러 번 너희에게 가고자 한 것을 너희가 모르기를 원하지 아니하노니 이는 너희 중에서도 다른 이방인 중에서와 같이 열매를 맺게 하려 함이로되 지금까지 길이 막혔도다 14헬라인이나 야만인이나 지혜 있는 자나 어리석은 자에게 다 내가 빚진 자라 15그러므로 나는 할 수 있는 대로 로마에 있는 너희에게도 복음 전하기를 원하노라 16내가 복음을 부끄러워하지 아니하노니 이 복음은 모든 믿는 자에게 구원을 주시는 하나님의 능력이 됨이라 먼저는 유대인에게요 그리고 헬라인에게로다 17복음에는 하나님의 의가 나타나서 믿음으로 믿음에 이르게 하나니 기록된 바 오직 의인은 믿음으로 말미암아 살리라 함과 같으니라 오늘은 고난주간 가운데 예수님께서 부활의 때를 기다리시면서 잠시 무덤 속에 계시는 부활절 예비일 새벽입니다. 예수님의 시신이 돌무덤에 들어간 후에 무덤 문이 닫힌 날이지만 무덤 문이 열리는 것을 기다리는 날이 이 날입니다. 죽음의 철장을 깨뜨리시고 모든 믿는 자들에게 부활의 산 소망을 허락하신 은혜의 때가 임할 것을 잠잠히 기다리는 시간이기 때문에 오늘을 은혜의 예비일, 기쁨의 예비일이라고 부릅니다.

　본문 14절에 사도 바울이 아주 독특한 표현으로 자기 정체성을 밝히는 표현이 나옵니다. 모든 사람에게 자신이 빚진 자라는 것입니다. 쉽게 말하면 "나는 빚쟁이"라는 고백입니다.

'빚'이라는 말을 아시지요? '채무'를 일컫는 순우리말입니다. 빚, 채무, 얼마나 무서운 말입니까? 호랑이보다 더 무서운 것이 빚이고 빚보증이라는 것을 누구나 압니다. 사업하는 과정 중에 어쩔 수 없이 빚을 지게 되는 분들은 이렇게 고백합니다. '헐벗고 못 먹고는 살아도 빚지고는 못 산다.' 잠을 자려고 눈을 감아도 빚진 것이 떠올라 잠을 잘 수가 없다는 고백을 합니다. 여하튼 세상에서 제일 무서운 것이 빚지는 일이라는 것을 의식이 있는 사람이라면 누구나 다 알고 있습니다.

그런데 바울은 스스로 자신이 빚진 자, 빚쟁이라고 자기 정체성을 밝힙니다. 도대체 바울은 얼마나, 무엇을 빚졌다는 의미일까요? 바울이 기록한 서신서를 전체적으로 살펴보면 사도 바울은 두 가지 측면에서 자신이 빚을 진 사람이라고 밝힙니다.

바울은 자신이 여러 교회에 편지한 서신서를 통해서 하나님이 베푸시는 사랑의 빚을 지고 있다고 밝힙니다.
바울은 그가 기록한 편지 이곳저곳에서 반복적으로 자신이 하나님의 특별한 사랑을 받고 있는 자라는 것을 소개합니다. 그리고 자신이 절대적이고 무조건적인 하나님의 사랑의 대상이 되었기 때문에 자신의 삶은 하나님의 영광을 위하여 사는 사람이 될 수밖에 없었다고 고백합니다.

실례로 로마서를 보면 1장부터 시작해서 자신을 비롯한 그리스도인 모두가 하나님의 사랑받는 대상이라는 것을 강력하게 증언하고 또 고백합니다. 로마서 1장 7절 말씀을 보십시오.

"로마에서 하나님의 사랑하심을 받고 성도로 부르심을 받은 모든 자에게 하나님 우리 아버지와 주 예수 그리스도로부터 은혜와 평강이 있기를 원하노라" (로마서 1:7)

또 로마서 5장 5절에서도 이렇게 증언합니다.

"소망이 우리를 부끄럽게 하지 아니함은 우리에게 주신 성령으로 말미암아 하나님의 사랑이 우리 마음에 부은바 됨이니" (로마서 5:5)

자신은 하나님의 특별한 사랑의 대상이라는 것을 반복적으로 밝힙니다. 한 마디로 하나님의 사랑에 빚진 자라는 것입니다. 그러므로 하나님이 주신 복음과 관련하여 비난을 받아도 기뻐하고, 억울한 일을 당해도 기뻐하고, 매를 맞고 고난을 받아도 기뻐하고, 옥에 갇혀도 기뻐할 수 있다는 것입니다.

그런데 로마서 1장 7절 말씀을 다시 한번 보겠습니다.

"로마에서 하나님의 사랑하심을 받고 성도로 부르심을 받은 모든 자에게 하나님 우리 아버지와 주 예수 그리스도로부터 은혜와 평강이 있기를 원하노라" (로마서 1:7)

이 말씀을 다시 자세히 보고 깊이 묵상해 보십시오. 바울만 하나님의 사랑을 받은 것이 아니라 거룩한 백성, 성도로 부름 받은 하나님의 자녀라는 자의식이 있는 사람이라면 모두가 다 하나님의 사랑을 받는 대상이라고 밝힙니다. 바울이 밝혀주는 논리대로 정리하면 하나님의 사랑을 받은 모든 성도는 하나님의 사랑에 빚진 자라는 것입니다. 이 사실이 어떻게 받아들여 지십니까?

신앙생활을 하고 목회를 해 오는 과정에서 여러 가지 경험하게 됩니다. 그중에 똑같이 예수를 믿고 비슷한 상황, 비슷한 처지인데 유독 영적으로 깊어지는 분도 있고, 그 반면에 똑같은 공동체 안에서 똑같은 상황에서 생활하는

데 은혜에 메마르고 영적으로 푸석푸석한 분들을 만날 때가 있습니다.

신학대학원을 다닐 때입니다. 같이 입학한 동급생 중에 교직에 계시다가 50이 넘어서 신학대학원을 입학한 전도사님이 계셨습니다. 20대 초중반인 저 와 나이 차이가 배가 나는 분이셨습니다. 똑같은 교수님 밑에서 똑같이 수업받았습니다. 그런데 그분은 함께 신학 수업하는 동안 제가 보기에는 모든 동급생 가운데 가장 큰 은혜를 경험하고 영적 깊이와 경건의 능력을 키워나가는 단연 독보적인 모습을 보여 주었습니다.

80년대 후반, 사회도 복잡하고 학내사태도 복잡했는데 피스메이커로서의 역할도 정말 잘해주는 든든한 분이셨습니다. 첨예한 문제를 가지고 이야기를 나눌 때도 그 전도사님이 계시면 대화의 분위기가 완전히 달라질 정도였습니다. 서로 입장이 격돌하고 말이 험악해질 것 같으면 "지금 이 자리에 예수님이 우리와 함께 계십니다."고 말씀하시면서 분위기와 대화의 방향을 선한 방향으로 이끌어 가는 완전히 분위기 메이커였습니다. 같은 학년 같은 목회자 후보생이었지만 단순히 나이 때문은 아니었습니다. 그분의 존재감이 그렇게 클 수 없었습니다.

그래서 순간순간 참 이분은 닮고 싶은 분이라는 생각을 했습니다. 그분과 교제하고 또 함께 공부하면서 이런 생각까지 한 적이 있습니다. "'하나님 아버지의 사랑', '예수 그리스도의 십자가 은혜', '성령의 임재하심'에 차이가 있을 리가 없는데 하나님은 참 이상하시다. 왜 나에게는 저런 무게와 진중함을 주시지 않는가?"하는 생각까지 했습니다. 저와는 너무 차이가 나는 그분의 모습을 보면서 "하나님께서 누구에게는 은혜를 더 주시고, 누구에게는 덜 주시는 하나님이신가? 하나님은 편애가 심한 분이신가?"하는 의문을 가질 정도로 3년 동안 함께 신학 수업을 받으며 그분의 변화와 성숙은 눈에 띄게 달랐습니다. 그분이 변화되어 가는 모습을 뵐 때마다 참 많이 부러웠습니다.

그래서 하루는 그분에게 "대부분의 신학생들이 보여 주는 삶의 패턴하고 너무 다른 것 같은데 이유가 있습니까?" 하고 물어보았습니다. 그랬더니 이렇게 대답이 돌아왔습니다. "전도사님, 내가 받은 하나님 사랑이 너무 커서 제가 받은 그 사랑 갚으려면 아직 저는 멀었어요"

그 이야기를 듣는 순간 이유를 깨달았습니다. 분명히 하나님이 베푸시는 사랑이나, 은혜의 강도나, 밀도가 차별이 있을 리가 없습니다. 어떤 상황에도 하나님의 사랑과 은혜는 누구에게나 차별이 없고 부족한 적이 없었습니다. 결국 이유는 하나님이 베푸시는 똑같은 사랑과 은혜에 대한 반응이 다르기 때문에 변화나 성숙의 결과가 다르다는 것을 깨달았습니다. 그분은 매시간 강의가 있을 때마다 항상 앞자리가 지정석이었지만 대부분의 신학생들은 어떻게 하면 뒷자리에 앉아서 교수님의 눈을 피할까가 최우선의 과제였습니다. 매일 채플도 예외가 아니었습니다. 그 전도사님의 자리는 항상 맨 중앙 앞에서 셋째 줄 설교자를 가장 효과적으로 볼 수 있는 자리였습니다. 그리고 다른 것들로부터 불필요하게 방해받거나 신경 쓰이는 것을 보지 않는 자리였습니다. 그런데 대부분의 신학생들이 마지못해 억지로 억지로 채플에 참석했습니다. 기도 생활이나, 말씀 생활이나, 개인적으로 경건 생활을 가지는 시간도 그분은 다른 신학생들과는 차원이 달랐습니다.

하나님이 베푸시는 사랑과 십자가 구원의 은혜는 모든 신학생들에게 똑같이, 부족함 없이 부어졌는데 문제는 나에게 있었습니다. '빚진자'라는 의식의 차이 때문에 믿음과 순종의 태도가 달랐던 것입니다. 그 결과 하나님께 받는 은혜도 차이가 날 수밖에 없다는 것을 확인했습니다.

십자가 앞에 섰을 때 그 누구도 소외됨 없이 모두가 같은 밀도와 강도와 크기로 하나님의 사랑을 깨닫기를 원합니다. 하나님의 은혜를 더 크게 경험하는 길은 다른 데 있지 않습니다. "자기 아들까지 나를 위하여 내어주신 하나님의 사랑에 내가 가장 큰 빚을 진 자"라는 자세를 가지면 됩니다.

오늘 가족들과 함께 오신 분들 많으시지요? 우리에게 하나님께서 이 귀한 가족들을 허락해 주신 이유는 다른 것 아닙니다. 하나님께 진 사랑의 빚을 갚으라고 하나님께서 허락하신 것입니다. 이 영적인 원리를 깨닫고 서로 더 사랑하고, 더 잘 섬기려고 애쓰면 우리 가정은 가정 천국을 경험할 수밖에 없습니다.

영적인 가족들이 모인 교회에서도 마찬가지입니다. 나는 하나님의 사랑에 빚진 자인 것을 늘 인식하고 그 사랑을 갚아야 하겠다는 자세를 가지고 형제를 대하고, 자매를 대하고, 집사님과 장로님과 교역자들을 대하면 우리 서현교회는 말 그대로 천국 같은 교회가 될 수밖에 없습니다.

직장이나 어떤 공동체에서도 마찬가지입니다. 왜 내가 속해있는 팀이나 공동체는 '항상 죽음의 조인가?'라고 불평하기보다 내가 하나님의 사랑에 빚진 자로서 모든 구성원들을 대하고 섬기면 그 공동체는 '죽음의 조에서 환상의 조'로 바뀌는 은혜를 경험하게 될 것입니다.

"나는 하나님 사랑에 빚진자다! 나는 하나님 사랑에 빚진 빚쟁이다!" 이 진리를 늘 인식하면서 앞장서 헌신하고 섬기며 살 때 우리 가정과 교회와 일터와 내가 몸담고 생활하는 모든 공동체가 미리 천국을 경험하는 은혜가 있기를 축복합니다.

바울은 복음의 빚을 지고 있다고 밝힙니다.
본문 14절에서 바울은 "헬라인이나 야만인이나 지혜 있는 자나 어리석은 자에게 다 내가 빚진 자라"고 밝힙니다. 한 마디로 온 세상 사람들에게 빚쟁이라는 것입니다. 그래서 본문 15절은 이렇게 이어집니다.

"그러므로 나는 할 수 있는 대로 로마에 있는 너희에게도 복음 전하기를 원하노라" (로마서 1:15)

당시 상황으로 바울이 로마에 가면 십자가 복음을 전한다는 이유로 배척받고 붙잡혀 죽을 것이 분명한데 그럼에도 로마에 가서까지 복음의 빚을 갚기 원한다는 것입니다.

복음의 빚쟁이라는 의식은 빌립보서 1장 18절에도 나타납니다.

"그러면 무엇이냐 겉치레로 하나 참으로 하나 무슨 방도로 하든지 전파되는 것은 그리스도니 이로써 나는 기뻐하고 또한 기뻐하리라" (빌립보서 1:18)

빚을 진 사람에게 제일 큰 소망이 무엇이겠습니까? 빚다 갚고, 기쁨을 가지고 다리 뻗고 자는 것 아니겠습니까? 그래서 바울은 복음의 빚진 자로서 복음을 전해 그 빚을 갚아 나가겠다고 합니다. 어떤 방식으로든지 호흡이 계속되는 한 자기 자신을 통해서 복음을 전파한다면 복음의 빚을 갚는 것이기 때문에 그는 "기뻐하고 또한 기뻐합니다." 바울은 복음의 빚을 갚는 기쁨을 두 번이나 강조하고 있습니다.

여기서 우리 그리스도인이 얻는 결정적인 진리가 있습니다. 내가 십자가 복음의 빚진 자로서의 자의식이 있다면, 진정한 나의 기쁨을 배가시키고 싶다면 어떻게 해야 한다는 것입니까? 그리스도를, 복음의 주인공인 예수 그리스도를 나누어야 한다는 것입니다. 쉽게 말하면 복음을 전해야 하는 것입니다.

내 안에 역사하고 계시는 주님을 전할 때 "기뻐하고 또 기뻐할 수 있다."는 것입니다. 복음을 전할 때 죄의 짐은 물러가고, 육신이 지고 있는 곤고한 짐들은 벗겨지고, 나의 기쁨이 배가된다는 것입니다. 이 기쁨의 근거와 이유를 깨달으라는 것입니다.

긴 시간 낙도오지에서 목회하는 목사님을 만났습니다. 이렇게 말씀합니다. "목사님, 떠나야지, 떠나야지 하면서 떠날 수 없는 이곳을 복음의 빚진 제가 가야 할 땅끝이라고 생각하고 20년을 넘게 버텨왔습니다." 마음이 숙연해질 수밖에 없었습니다.

사랑하는 여러분, 바울은 자신도 빚진 자이지만 모든 그리스도인은 복음의 빚진 자라고 오늘 우리에게 가르쳐 줍니다. 우리 모두가 복음의 빚쟁이라고 합니다. 빚을 갚아나가는 기쁨을 누리고 싶습니까? 그렇다면 복음을 전하는 가운데 믿음의 씨앗을 부지런히 뿌리는 것이 절대적으로 필요합니다.

예수님이 이 문제 많고 탈 많은 세상에 성육신하신 이유는 인생들이 지은 죄의 빚을 갚기 위해서입니다. 예수님께서 고난 당하시고 십자가에 못 박혀 죽으신 이유는 하나님의 형상으로 지음 받은 인간이라는 사랑하는 피조물들이 죄의 짐에 짓눌려 죽어가는 것을 차마 볼 수가 없어서 그 죄의 빚을 대신 탕감하고, 갚기 위해서였습니다.

예수님이 갈보리 십자가에 달려 죽으실 때 마지막으로 외치신 '다 이루었다.'라는 말씀은 '테텔레스타이!'라는 말입니다. 이 말의 뜻은 '다 갚았다.', '완전히 빚을 다 변제했다.'라는 뜻입니다. 더 이상 죄의 빚 때문에 악독한 마귀들에게 추궁당하지 않아도 되도록 하나님의 자녀인 우리를 죄에서 완전히 벗어나게 해 주셨다는 완벽한 선언입니다.

빚을 짊어졌다고 말합니다. 죄에 대해서도 '짊어졌다'라는 표현을 사용합니다. 이것은 '빚'이라는 말과 '죄'라는 말이 같은 의미라는 것을 밝혀줍니다. 결국 죄나 빚이나, 둘 다 갚지 않고는 견딜 수 없는 무서운 힘을 가졌다는 것을 의미합니다.

예수님께서는 내가 짊어지고 있던 죄의 빚, 내가 갚아야 할 죄의 빚을 대신 다 갚아 주셨습니다. 주님께서 십자가에 죽으심으로 단번에 갚으셨고, 이 십자가 사건 때문에 우리는 새 생명을 얻었습니다. 그래서 우리는 갈보리에서 십자가에 죽으신 예수님을 바라볼 때마다 나의 죄의 빚을 벗겨 주시기 위해서 예수 그리스도를 보내 주신 하나님의 사랑에 감동할 수밖에 없고, 감격할 수밖에 없는 것입니다. 그래서 우리는 하나님 사랑에 빚진 자가 된 것입니다. 아무리 생각해도 이 사랑의 빚은 평생 갚아도 갚을 수 없는 엄청난 것입니다. 그래서 "늘 울어도 눈물로서 못 갚을 줄 알아~"라고 찬송할 수밖에 없는 것입니다.

이제 한 주간 다시 십자가 앞에 우리 자신을 세우며 마무리하는 이 시간, 주님이 베푸신 십자가 사랑을 다시 한번 절절하게 깨닫고, 하나님의 사랑과 복음의 빚진 자로서 복음을 위하여, 교회를 위하여, 연약한 자들을 위하여, 아직 복음을 모르는 이들을 위하여 십자가 고난의 길을 걸어간 사도 바울처럼 하나님 앞에 자신을 드리는 우리 모두가 되기를 축복합니다.

11

순교자의 삶을 살게 하옵소서

- 마가복음 15:6~15 -

6명절이 되면 백성들이 요구하는 대로 죄수 한 사람을 놓아 주는 전례가 있더니 7민란을 꾸미고 그 민란중에 살인하고 체포된 자 중에 바라바라 하는 자가 있는지라 8무리가 나아가서 전례대로 하여 주기를 요구한대 9빌라도가 대답하여 이르되 너희는 내가 유대인의 왕을 너희에게 놓아 주기를 원하느냐 하니 10이는 그가 대제사장들이 시기로 예수를 넘겨준 줄 앎이러라 11그러나 대제사장들이 무리를 충동하여 도리어 바라바를 놓아 달라 하게 하니 12빌라도가 또 대답하여 이르되 그러면 너희가 유대인의 왕이라 하는 이를 내가 어떻게 하랴 13그들이 다시 소리 지르되 그를 십자가에 못 박게 하소서 14빌라도가 이르되 어찜이냐 무슨 악한 일을 하였느냐 하니 더욱 소리 지르되 십자가에 못 박게 하소서 하는지라 15빌라도가 무리에게 만족을 주고자 하여 바라바는 놓아 주고 예수는 채찍질하고 십자가에 못 박히게 넘겨 주니라

선명한 십자가 사랑

고난주간은 예수님의 공생애 3년 가운데 마지막 한 주간을 말합니다. 고난주간은 종려주일부터 시작됩니다. 베다니 벳바게에서 나귀 새끼를 타시고 예루살렘으로 입성하시는 예수님을 유대인들이 종려나무 가지를 흔들며 '호산나'라고 찬송하면서 환영했던 날이기 때문입니다. 특별히 고난주간에 그리스도인들은 인간의 욕심을 절제하고, 나의 죄 때문에 십자가에 달리신 예수 그리스도를 더욱 깊이 묵상하려고 합니다. 고난주간은 하나님께서 나에게 베푸신 은혜에 감사하고, 실제로 예수님처럼 희생하고 섬기면서 사는 새로운 생활의 한 주간이라고 할 수 있습니다.

사실 사복음서의 모든 기록과 흐름은 예수님의 고난과 십자가 죽으심 그리고 부활에 초점이 맞추어져 있습니다. 그런 의미에서 예수님께서 십자가에 달리신 과정을 세밀하게 기록하고 있는 오늘 말씀은 성경의 가장 핵심적인 부분입니다. 기독교의 상징은 십자가입니다. 십자가는 타종교와 기독교를 명확하게 구분할 수 있는 선을 긋습니다. 십자가 사랑이 의미하는 것을 제대로 깨닫지 못한다면 엄밀한 의미에서 그 사람은 그리스도인이 아닐 수 있습니다. 그것은 목회자도 마찬가지입니다. 신학을 공부했다고 해도, 목사안수를 받았다고 해도 십자가의 사랑이 무엇인지를 제대로 깨닫지 못했다면 그리스도인이 아닙니다.

실제로 목사님 가운데 십자가의 사랑을 제대로 깨닫고 비로소 사역의 일대 전환을 가져온 분이 있습니다. 이 분은 다문화가정 사역을 위해서 전적으로 헌신하고 있는 분입니다. 신학대학원을 다닐 때부터 민족복음화와 세계선교에 대한 남다른 뜨거운 열정을 품고 사역을 해오신 분입니다. 이 분의 인사는 항상 '월드 미션!' 아니면 '민족복음화'라는 구호를 외치는 것으로 유명했습니다.

이 분이 신대원을 졸업할 때 즈음 결혼했습니다. 신혼 초기에도 단칸방에 믿음의 친구들을 정기적으로 불러 몇 시간이고 토론하고 기도하면서 열정을 불태웠습니다. 그런데 문제는 매번 모임이 끝난 뒤였습니다. 단칸방에 여덟 아홉 명이 밤새도록 이야기하고, 라면 끓여 먹고 하는 뒷감당을 사모님이 다 하셔야 하지 않습니까? 이 분은 '월드미션, 민족복음화' 하나밖에 모르니까 아내가 얼마나 힘이 드는지를 전혀 몰랐습니다. 항상 피곤한 아내와 무심한 남편 사이의 부부관계는 점점 멀어지고 갈등의 골은 점점 깊어져 갔습니다.

  그렇게 두 사람이 힘든 시간을 보내고 있던 어느 날 사모님이 남편 목사님께 진지하게 물었습니다. "당신, 예수님의 십자가 사랑이 도대체 뭔지 알아요?" 느닷없는 질문에 아무 대답도 못 하고 있는 목사님께 사모님이 말했습니다. "세계선교! 민족 복음화!를 외치는 것이 자기 아내 사랑하는 것 보다 훨씬 쉽다는 것 알아요?" 이 말이 남편의 마음을 후려쳤습니다. 아내의 말을 곱씹어 보니 십자가 사랑을 빌미로 큰 명분, 대의는 너무 사랑하는데 정작 사랑해야 할 사람은 사랑하지 못하는 자신을 비로소 발견한 것입니다. "바로 옆에서 늘 함께 사는 아내를 사랑하는 것이 세계선교와 민족복음화를 외치는 것 보다 훨씬 어려운 것일 수 있겠구나!" 살아오는 동안 '세계선교! 민족복음화!'에 대한 열정은 가졌지만 '아내와의 갈등' 앞에서 번번이 처참하게 무너지는 자신의 모습을 발견한 것입니다.

  이 사건을 계기로 목사님은 십자가의 사랑에 대한 새로

운 눈을 떴습니다. 십자가의 희생적인 사랑은 자신이 살아가는 삶의 현장 속에서 먼저 이루어져야만 한다는 것을 깨닫게 된 것입니다. 현실적으로 가장 친밀한 관계를 맺고 있는 가정 안에서 십자가의 희생적인 사랑이 실천되고 경험되지 않으면 십자가의 사랑을 명분으로 행하는 모든 사역은 허상에 불과하다는 것을 알았습니다.

그때부터 이 목사님은 가정사역과 세계선교를 동시에 추구할 수 있는 방법이 없을까를 기도하며 고민하기 시작했습니다. 그리고 깊이 기도하는 가운데 월드미션과 민족복음화의 의미도 살리면서 십자가의 사랑을 현실적으로 실천할 수 있는 사역을 선택했습니다. 바로 '다문화가정 선교' 사역입니다.

우리의 신앙은 절대로 모호한 것이 아닙니다. 십자가를 지신 예수님께서 우리에게 보여 주시는 사랑은 결코 관념적이거나 회색지대에 있는 것이 아닙니다. 십자가에 달려 죽으신 주님의 사랑은 주님이 흘리신 보혈의 색깔만큼 선명합니다. 성경이 말하는 십자가의 사랑은 소름 끼칠 정도로 현실적이고, 구체적이고, 현장 중심성을 가진 사랑입니다. 십자가의 사랑을 깨달은 사도 요한은 이렇게 고백합니다.

"누구든지 하나님을 사랑하노라 하고 그 형제를 미워하면 이는 거짓말하는 자니 보는 바 그 형제를 사랑하지 아니하는 자는 보지 못하는 바 하나님을 사랑할 수 없느니라"(요한일서 4:20)

이런 시각을 가지고 오늘 본문의 상황을 다시 한번 살펴보려고 합니다. 오늘 본문은 예수님께서 겟세마네 동산에서 대제사장들의 병사들에게 잡히신 후에 일어난 사건입니다. 본문의 앞부분을 보면 예수님은 대제사장 가야바의 집에서 신성모독 혐의로 사형선고를 받습니다. 그런데 로마정권 아래에서 사형을 직접 집행할 수 없었던 종교지도자들은 예수님께 정치범이라는 죄목을 씌워 로마 총독 빌라도에게 신병을 넘겨줍니다. 금요일 아침에 예수님이 어떻게 되는가를 보기 위해 많은 사람들이 빌라도의 법정에 모여 있습니다. 이 장면이 연출된 법정에서 우리가 주목해야 할 것은 극명하게 대조되는 유대 군중들의 태도와 예수님의 태도입니다.

유대 군중들의 태도

닷새 전만 하더라도 유대 군중들은 예루살렘성에 입성하시는 주님을 찬양하기 위해 겉옷을 펴서 깔고, 종려나무 가지를 꺾어서 열렬히 예수님을 환영하고 찬양했습니다.

그런데 닷새 후에 완전히 다른 얼굴을 보여 줍니다.

지금 예수님을 심문하는 로마 총독 빌라도는 '창으로 무장한'이란 이름의 뜻을 가진 기사 출신의 인물입니다. 복음서의 다른 부분들(눅3:1)을 참고하면 빌라도는 주 후 26년 로마 2대 황제 디베료 가이사(티베리우스)에 의해서 유대, 사마리아, 이두매의 총독으로 임명받았는데, '본도'라는 지역에서 크게 승리한 전공이 있기 때문에 이름 앞에 '본디오'라는 명칭이 붙었습니다. 반유대적 경향을 가진 아주 포악하고 무자비한 총독으로 알려져 있습니다.

빌라도는 유대인들이 예수님을 시기하는 마음의 동기로 예수님께 죄를 덮어씌워 자기에게 넘겨준 것을 이미 알고 있었습니다. 또한 예수님께 신성모독의 죄를 씌워 사형선고를 내렸던 산헤드린 공회가 종교적인 이유로는 예수를 죽일 수 없다는 사실을 알고 있었습니다. 그래서 예수를 로마에 대한 납세를 거부하고, 스스로 왕이라고 선언했다는 정치적 반란자로 고소했던 것을 환하게 알고 있었습니다.

"고발하여 이르되 우리가 이 사람을 보매 우리 백성을 미혹하고 가이사에게 세금 바치는 것을 금하며 자칭 왕 그리스도라 하더이다 하니" (누가복음 23:2)

빌라도가 법정에 서신 예수님을 향해서 이렇게 묻습니다. '네가 지금도 유대인의 왕이라고 생각하느냐? 이 질문에 대한 예수님의 대답은 아주 간명합니다. 그리고 침묵하십니다.

"네 말이 옳도다" (누가복음 23:3)

빌라도는 예수님을 이렇게 저렇게 심문해 보았지만 어떠한 죄도 찾아내지 못했습니다. 오히려 심문하면 할수록 자기변명을 전혀 늘어놓지 않고, 평정심을 유지하는 예수의 모습을 보고 이 사람은 범법자가 아니라는 마음의 결론을 내립니다. 그래서 예수님의 무죄함을 유대인들에게 알리고, 분봉왕 헤롯 안디바에게 예수님을 보냅니다. 그런데 헤롯도 아무 죄를 찾을 수 없다고 말하면서 예수님을 다시 빌라도에게 보낸 것입니다. 결국 오늘 우리가 함께 읽은 본문은 예수님께서 헤롯에게 갔다가 다시 빌라도 법정으로 돌아와서 2차 심문을 받는 상황의 기록입니다.

그런데 짚고 넘어가야 할 것이 있습니다. 유대 지방에는 특유한 풍속이 하나 있었습니다. 유월절이 되면 죄수 중 한 명을 석방하고 대신에 유월절 양을 죽이는 것입니다. 이 전례에 따라 유대인들은 빌라도에게 죄수 하나를 석방해 줄 것을 요구합니다. 빌라도는 그날 아침 법정에 둘러서 있는 유대인들을 향해서 이렇게 묻습니다.

"빌라도가 대답하여 이르되 너희는 내가 유대인의 왕을 너희에게 놓아 주기를 원하느냐 하니" (마가복음 15:9)

어떻게 해서든지 예수님을 살리고 싶어 하는 의도를 가진 빌라도의 이 질문에 대해 대제사장의 충동질을 받은 군중들은 이렇게 말합니다. "아니오! 바라바를 놓아 주시오!" 죄가 없으신 예수님이 아니라 로마에 반기를 드는 민란을 꾸미고, 민란 중에 살인을 저지른 유명한 죄수를 오히려 풀어 달라고 요청합니다.

군중들은 닷새 전만 하더라도 '호산나'를 외치면서 예수님을 환영했습니다. 하지만 가만히 보니 예수라는 인물이 자기들의 기대에 미치지 못하는 인물이라고 판단한 것입니다. 어리석은 군중들은 무기력하게 체포되어 빌라도의 재판대 앞에 서 있는 예수에게서 더 이상 메시아로서의 흔적을 기대하지 않았습니다. 그리고 예수님으로부터 냉정하고 단호하게 돌아섭니다. 실망을 안겨준 예수보다는 비록 살인했지만 나름 민족 해방을 위해 힘쓴 바라바가 유월절 특사가 되는 것이 훨씬 자신들에게 이로울 것이라는 이

기적인 판단을 한 것입니다.

이 장면은 상황과 환경에 따라 너무나도 쉽게 자기 입장을 바꿔 버리는 인간의 연약함과 악한 본성을 단적으로 보여 줍니다. 자기중심적 판단으로 기존의 입장을 바꿔버린 유대인들이 군중심리의 물결을 타고 벌이는 난장판은 더 이상 걷잡을 수없는 상황으로 이어집니다.

"그들이 다시 소리 지르되 그를 십자가에 못 박게 하소서 빌라도가 이르되 어찜이냐 무슨 악한 일을 하였느냐 하니 더욱 소리 지르되 십자가에 못 박게 하소서 하는지라" (마가복음 15:13-14)

2000년 전에 빌라도의 법정에서 일어났던 이 사건은 오늘을 사는 우리에게 분명한 경고의 메시지를 주고 있습니다. '내가 원하는 예수! 내가 원하는 복음의 내용!'이 아니면 언제든지 복음을 버릴 수 있는 것이 바로 연약한 인간들이라는 것입니다. 아무리 예수님을 따라다녀도 어느 순간 복음은 뒷전으로 젖혀두고, 나 자신이 모든 진리의 기준이 됩니다. '내가 복음'을 주장하는 것이 인간의 연약한 모습입니다. 더 심각한 것은 연약한 존재들끼리 화학적 반응을 일으켜서 상상할 수 없는 죄악의 길로 나갈 가능성이 언제나 열려있다는 점입니다.

 사람들의 귀가 얼마나 얇습니까? 길을 가다가 사람들이
몇 명만 모여 있어도 한 번쯤 기웃거리게 됩니다. 또 무리
의 분위기나 행동에 휩싸여 행동하는 군중심리가 발동할
때가 얼마나 많은지 모릅니다. 사람들의 이런 군중심리를
검증해 보기 위해서 미국의 사회 심리학자 밀그램이라는
사람이 재미있는 실험을 했습니다. 길거리에서 두세 사람
이 빌딩 옥상을 쳐다보고 있게 했더니, 행인들 60% 정도
가 가던 길을 멈추고 똑같이 옥상으로 눈길을 던지는 것을
확인했습니다. 그리고 다섯 명이 모여서 빌딩 옥상을 쳐다
보고 있게 했더니, 길 가던 사람 80% 정도가 같은 행동을
하는 것을 확인했습니다. 이것이 인간입니다.

 결국 대제사장의 사주를 받은 사람들이 예수를 못 박으
라고 선동하니 예수 그리스도를 향한 확고한 자기 신앙을
가지지 못한 군중들은 그 말에 그대로 넘어간 것입니다.
그리고 닷새 전에 '호산나'라고 외쳤던 그 똑같은 입으로
소리를 지릅니다. "예수를 십자가에 못 박으소서! 예수를
십자가에 못 박으소서! 예수를 십자가에 못 박으소서!" 유
대 군중들은 선동자들의 목소리에 진리를 외면하고 배반
하는 자리에 서 버린 것입니다. 군중들의 함성에 결국 빌

라도는 이렇게 결정합니다.

"빌라도가 무리에게 만족을 주고자 하여 바라바는 놓아 주고 예수는 채찍질하고 십자가에 못 박히게 넘겨 주니라" (마가복음 15:15)

우리에게는 이런 비열한 군중의 모습이 없습니까? 좋은 상황일 때, 나에게 만족을 주는 예수님일 때는 충성을 맹세합니다. 하지만 내가 기대한 예수님이 아닐 때, 복음의 내용이 내 기준에 맞지 않을 때는 2000년 전의 빌라도 법정에서 소리치는 군중의 모습과 같지 않습니까? 우리에게 유대 군중들의 태도가 있다면 주님의 십자가 앞에서 지금 분명하게 회개하고 잘라내고 정리해야 합니다.

예수님의 태도

군중들의 배신과 빌라도의 비겁함, 대제사장들의 사악함을 대하는 예수님의 태도는 어떠하셨습니까? 빌라도 법정에 서신 예수님은 놀랍게도 아무 대답을 하지 않으셨습니다. 예수님의 침묵은 묵비권과는 다른 의미입니다. 아무도 예수님을 변호하지 않는 상황이기 때문입니다. 쉴 틈도 없이, 주무시고 잡수실 겨를도 없이, 역동적으로 사람들을 가르치시고, 치유하시고, 기적을 베푸신 하나님의 아들이신 예수님께서 왜 침묵하셨습니까?

 침묵은 현란하고 설득력 있는 그 어느 연설이나 설교보다도 강력한 언어입니다. 때때로 소극적인 행동이나 몸짓이 적극적이고 역동적인 움직임보다 더 강력한 메시지로 작용할 때가 있는 것을 확인할 수 있습니다.

 영화로 만들어진 C.S. 루이스의 '나니아 연대기'를 보면 인상 깊은 장면이 나옵니다. 주인공 디고리(Digory)가 아파 죽어가는 엄마를 위해 거대한 사자 아슬란을 찾아갑니다. 그리고 아슬란에게 용기를 내서 이런 부탁을 합니다. "제발 우리 엄마를 낫게 해줄 수 있는 요술사과를 주시면 안 되나요?" 마음속으로는 아슬란이 "안 된다"라고 말할지도 모른다는 불안한 생각을 가지고 계속 애원합니다. "그래, 그렇게 하마."라는 한마디 말을 듣기 위해서 계속 간청하면서 기다립니다.
 그런데 사자 아슬란은 긍정도 부정도 하지 않은 채 그냥 뒤돌아서 가버립니다. 디고리는 아픈 엄마의 얼굴을 떠올리면서 눈물을 뚝뚝 흘립니다. 자신이 품었던 부푼 기대와 소망이 다 사라졌다고 생각하고는 그 자리에 서 있습니다. 아무 말이 없는 사자 아슬란! 그리고 눈물을 흘리면서 사자의 커다란 발과 발톱만 쳐다보는 소년 디고리!

그렇게 한참을 있다가 디고리가 눈물에 젖은 눈으로 사자의 얼굴을 천천히 올려다봅니다. 그런데 그 소년의 평생에 그렇게 놀라 본 적이 있을까 싶은 표정을 짓습니다. 사자 아슬란이 황갈색 얼굴을 디고리의 얼굴에 바싹 갖다 대었을 때 놀랍게도 사자의 눈에는 반짝이는 눈물이 고여 있었습니다. 사자의 그 눈물이 디고리의 눈물보다 더 크고 맑은 것을 보며 디고리는 깨닫습니다. "아~ 아슬란이 나보다 엄마를 더 가엾게 생각하고 있구나."

주님이 한 마디의 자기변명도 하지 않으시고 빌라도의 법정에서 침묵하신 이유는 바로 이것입니다. 자신의 고난과 죽음을 통해서 하나님께서 원하시는 뜻이 이루어지기를 원하셨기 때문입니다. 빌라도의 심문에 대응해서 바라바 대신에 석방 받아 그가 죽고 자신이 사시는 것 보다, "십자가에 못 박게 하소서"라고 소리치는 군중들을 향해서 "어떻게 너희들이 그럴 수 있느냐?"고 큰소리치시는 것 보다 순종을 선택하셨습니다. 예수님께서는 고난을 받고 십자가에 달려 돌아가시는 길을 침묵하시면서 가는 것이 하나님의 뜻에 순종하는 것임을 정확하게 알고 계셨습니다. 그래서 이 세상에 그렇게 무기력한 존재가 더 이상 없으리라 여겨질 만큼 조용하게 그리고 철저히 침묵하셨습니다.

빌라도 법정에 서신 예수님의 침묵을 보면서 우리가 깨닫는 진리는 이것입니다. 바로 자신이 죽어야 다른 사람을 살릴 수 있다는 복음의 진리입니다. 자신이 죽어야 궁극적으로 자신이 살아날 수 있다는 십자가의 진리입니다. 대제사장들은 거짓 증언을 하면서 사악한 자신들의 목적을 달성했습니다. 군중들은 자신의 필요를 따라 부화뇌동하면서 예수님을 배반했습니다. 빌라도는 진리가 무엇인지 알고도 군중들을 두려워해서 진리를 외면하는 비겁한 모습을 보였습니다. 그러나 예수님은 거짓 증언 앞에서도 침묵하셨습니다. 하나님의 뜻을 이루어 드리기 위해서 순종의 길, 십자가의 길을 묵묵히 가셨습니다.

십자가의 길, 순교자의 삶

다시 한번 십자가 앞에서 우리의 삶을 점검해 보아야 합니다. 우리는 복음 앞에서, 진리 앞에서, 십자가를 져야 하는 순종의 길 앞에서 어떤 그리스도인입니까? 자신의 기준에 따라 예수님을, 복음을 마음대로 재단하는 유대 군중과 같은 모습은 없습니까? 하나님의 뜻을 이루어 드리는 길이라면 침묵하고 순종하면서 그 길을 가는 주님 닮은 참 제자입니까? 잠잠히 한 번 묵상해 보십시오. 예수님처럼 살아간 서서평 선교사의 다큐멘터리 '천천히 평온하게'를 관람하며 십자가의 길을 가는 것이 어떤 삶인지 함께 기도

하고, 새롭게 결단하는 시간을 가지는 것도 좋을 것이라 생각됩니다.

　한 번밖에 없는 고난주간 다시 십자가 앞에 엎드려 우리를 향하신 예수님의 뜻을 발견하고, 하나님의 응답을 받는 귀한 시간이 되기를 소망합니다. 더 나아가 십자가의 길을 용기 있게 걸어가는 담력을 얻고, 순교자의 삶을 실제로 걸어가는 능력 있는 그리스도의 제자가 되기를 주님의 이름으로 축복합니다.

Part 3

십자가 앞에서
항상 예수를 생각하라

12

십자가 앞에서 항상 예수를 생각하라

- 히브리서 12:3 -

너희가 피곤하여 낙심하지 않기 위하여 죄인들이 이같이 자기에게 거
역한 일을 참으신 이를 생각하라

굿 프라이데이

복음서에 기록된 예수님의 생애를 따라가 보면 예루살렘에 입성하시는 종려주일부터 십자가에 달려 죽으시는 성금요일, 무덤에 들어가셨다가 부활하시는 부활주일까지 숨 막히는 여정이 이어집니다. 이 여정을 깊이 묵상해 보면 예수님께서 이 땅에 오셔서 살아가신 33년간의 삶 자체도 우리를 향한 위대한 선물이었지만, 특별히 예수님의 고난과 죽으심 그리고 부활이 얼마나 귀한 선물인지를 깨달을 수 있습니다. 오늘 말씀을 보면 예수님께서 고난을 받고 십자가에 달려 죽으시면서 어떤 실제적인 유익을 주셨는가를 구체적으로 알려주는 내용이 기록되어 있습니다.

"그는 실로 우리의 질고를 지고 우리의 슬픔을 당하였거늘 우리는 생각하기를 그는 징벌을 받아 하나님께 맞으며 고난을 당한다 하였노라 그가 찔림은 우리의 허물 때문이요 그가 상함은 우리의 죄악 때문이라 그가 징계를 받으므로 우리는 평화를 누리고 그가 채찍에 맞으므로 우리는 나음을 받았도다" (이사야 53:4-5)

고난의 종으로 오실 메시아를 예언하고 있는 이사야 선지자는 주님이 이 땅에 오셔서 슬픔을 당하시고 십자가를 지신 목적을 "우리 질고와 우리 허물과 우리 죄악"때문이라고 밝힙니다. 주님이 받지 않으셔도 되는 벌을 받았기에 우리는 온전해졌고, 주님이 상처를 입으셨기 때문에 우리는 치유를 받았고, 주님이 고통받으심으로 우리에게는 평화와 평안이 주어졌습니다.

고난주간 하루하루의 사건이 다 의미 있지만 그중에 예수님께서 십자가에 달려 죽으신 금요일은 고난주간의 절정입니다. 온 우주의 절대강자이신 하나님께서 가장 연약한 모습으로 죽으신 날이 바로 이 금요일이었습니다. 그런데 흥미로운 점이 있습니다. 주님이 십자가에서 죽으신 금요일을 우리말로 성금요일이라고 하지만 영어로는 '굿 프라이데이(Good Friday)'라고 합니다. 예수님의 죽으심이

비통한 일이지만 구원을 얻게 된 우리에게는 좋은 금요일이라는 의미입니다. 하나님의 슬픔과는 대비되게 오히려 온 인류가 구원의 기쁨을 얻게 되었습니다.

주님이 받지 않으셔도 될 고난을 받으시고 십자가에서 "엘리 엘리 라마사박다니"(나의 하나님, 나의 하나님 어찌하여 나를 버리시나이까?)라고 부르짖으시면서 운명하셨습니다. 그 결과로 우리에게 구체적인 효과와 효력이 나타났습니다. 주님의 죽으심으로 우리는 하나님의 자녀로서의 신분을 가지게 되었습니다. 그리고 평화를 누리고, 나음을 입고, 온전해지고, 치유를 받게 되었습니다.

그러므로 고난주간을 의미 있게 보내기 위해서는 할 수 있다면 나의 즐거움을 위한 게임이나 시간도 좀 절제하고, 할 수 있다면 금식도 하고, 부득이한 경우가 아니면 미디어 금식도 하면서 십자가 앞에 조금 더 가까이 나아가는 시간을 확보해야 합니다. 그동안 짓눌렸던 모든 문제들과 어려움들을 주님의 십자가 앞에 내어놓는 상황을 의지적으로 만들어야 할 필요가 있습니다.

번 아웃 증후군

지금 우리의 상황은 어떻습니까? 늘 바라고 기도하기는 우리 모두의 마음에 아무런 무거운 짐이 없고, 삶 자체가 천국을 미리 경험하는 삶이기를 소원합니다. 그러나 우리의 현실은 고개를 흔들 수밖에 없는 어려운 상황, 기가 막힌 상황 속에 놓일 때가 부지기수입니다. 예수님을 믿지 않았다면 부러져도 수십 번 부러졌고, 넘어져도 수백 번 넘어졌다고 고백할 수밖에 없는 상황이 시시각각으로 우리의 삶 속에 펼쳐지는 것을 부정할 수 없습니다. 그래서 지금도 주님의 만져주심을 바라며 찢긴 심령으로 나아온 것이 아닙니까?

우리의 삶은 '번 아웃 증후군' 즉 탈진 그 자체입니다. 각종 매체는 "장기화 된 코로나19 상황 속에서 이런 저런 피로에 지친 현대인들이 늘어나고 있다."라는 뉴스들을 계속 접합니다. 일터에서 모든 에너지를 쏟아부은 뒤에 탈진 상태에 빠지는 사람들이 사회 전반으로 확산되고 있습니다. 그래서 긴장감 완화와 스트레스 해소에 도움을 주는 산업들, '행복, 위로. 평안'과 같은 가치를 추구하는 책들의 수요가 점점 높아지고 있습니다. 피로회복을 위한 산업들이 활황을 맞이했다는 것은 지금 이 시대를 살아가고 있는 사회구성원들의 상태를 알려주고 있습니다. 사람들의 정신과 몸이 말할 수 없이 지치고 힘든 상태이고, 그만큼 스트레스에 찌들어 있다는 것을 의미하는 것이 분명합니다. 코로나 장기화와 더불어 겪어야 하는 무한경쟁과 성과

경쟁, 절대 만족이 없는 피로사회가 바로 우리의 현실입니다.

최근에 직장에 취업한 청년부 지체가 이런 이야기를 해주었습니다. 조직사회에 들어가서 두어 달 지나보니 "안 되는 게 어딨어! 일단 해 봐!"하는 윗분들의 분위기 속에 숨이 막힌다는 이야기였습니다. 어느 시대보다 피곤, 지침, 탈진이라는 단어가 골리앗처럼 우리 앞에 버티고 서 있습니다.

그런데 이런 피곤함과 지침과 탈진의 원인을 깊이 파고들어 가보면 물리적 환경 보다는 심리적 요인이 훨씬 더 크다는 사실을 발견합니다. 한 정신의학자는 피곤함에 찌든 현실 속에서 이렇게 말합니다. "우리를 괴롭히는 피로의 대부분은 정신적인 데서 비롯한다. 순수하게 육체적인 원인에서 오는 피로는 오늘날 극히 드물다."(심리학자 하드 필드) 저는 이 말이 정말 옳다고 봅니다. 저 자신을 놓고 생각해 보더라도 '피곤하다, 지친다, 힘들어서 정말 아무것도 정말 하고 싶지 않다.'라는 말을 내뱉을 수밖에 없는 상황은 외부적 이유보다는 내면적 이유가 대부분입니다.

사실 피곤하거나 스트레스를 받는 현상은 하나님께로부터 한정된 힘을 부여받은 유한한 육체가 감당하기 어려운 분량의 일들을 하거나 당할 때 자연스럽게 나타나는 현상입니다. 피곤함과 지치는 것, 탈진은 유한한 인간이 삶을 살아가는 동안에 늘 동반할 수밖에 없는 자연스러운 현상입니다. 결국 중요한 것은 이 자연스러운 현상인 피곤과 지치는 상황을 어떻게 다루느냐는 것입니다. 이런 우리들에게 히브리서 기자는 말합니다.

"너희가 피곤하여 낙심하지 않기 위하여 죄인들이 이같이 자기에게 거역한 일을 참으신 이를 생각하라" (히브리서 12:3)_개역개정성경

"예수님을 생각하십시오 예수님께서는 죄인들이 그를 미워해서 악한 일을 할 때에도 묵묵히 참으셨습니다 지칠 때라도 낙심하지 말고 예수님의 본을 따르기 바랍니다." (히브리서 12:3)_쉬운성경

오늘 말씀은 유한한 존재인 우리가 경험할 수밖에 없는 피곤함과 스트레스와 탈진을 다루는 치료책을 이렇게 제시합니다. "너희가 피곤하여 낙심하지 않기 위하여 죄인들이 이같이 자기에게 거역한 일을 참으신 이를 생각하

라" 삶 속에서 피곤할 수 있지만, 그 피곤함 때문에 낙심하지 않기 위해서는 예수 그리스도를 생각해야 한다는 뜻입니다. 갈보리 산 위에 세워진 십자가에 달리신 예수 그리스도를 생각하라는 것입니다.

어찌 보면 오늘 말씀은 늘 어려운 상황 속에서 고통 하는 우리들에게 동문서답을 하는 것 같습니다. 피곤하면 환경을 개선하라고 한다든지, 좀 더 편하게 사는 방법을 알려준다든지, 구체적인 처방전을 알려 주어야 할 것 같은데 "참으신 이를 생각하라"라는 해결책을 제시합니다.

왜 하나님은 우리가 피곤하고, 스트레스 받고, 낙심하는 상황을 겪을 때 예수님을 생각하라고 말씀하셨을까요? 두 가지 이유 때문입니다.

예수님과 비교하라

첫째, 예수님도 우리처럼 피곤함을 동일하게 경험하신 분이기 때문입니다. 복음서를 보면 피곤하신 예수님께서 한적한 곳으로 가서 쉬셨다는 기록이 군데군데 나타납니다. 우리가 피곤하고 지칠 때가 언제인지를 가장 잘 아시는 분이 바로 십자가에 달리신 주님이신 것을 확인할 수 있습니다. 그래서 하나님은 우리를 향해 "예수를 생각하라"라고 말씀하시는 것입니다. 사도 바울의 증언을 들어 보십시오.

"그는 근본 하나님의 본체시나 하나님과 동등됨을 취할 것으로 여기지 아니하시고 오히려 자기를 비워 종의 형체를 가지사 사람들과 같이 되셨고 사람의 모양으로 나타나사 자기를 낮추시고 죽기까지 복종하셨으니 곧 십자가에 죽으심이라" (빌립보서 2:6-8)

이 말씀을 하나님께서 말씀하시는 어투를 바꾸어 표현하면 이렇습니다. "내 아들 예수도 너와 똑같은 세상을 살았단다. 그도 똑같이 고생했고 피곤했단다. 너와 똑같이 낙심될 때가 정말 많았고, 그에게는 그를 이해해주는 친구가 하나도 없었단다. 한번 잘 생각해 보거라. 너와 같은 세상을 이미 산 이런 예수의 삶을 생각하면 마음에 큰 위로와 힘이 생길 거야."

오늘 말씀의 '생각하라'는 헬라어 동사 '아날로기조마이'는 '비교하라'와 '묵상하라'라는 두 가지 의미가 함께 들어 있습니다. '생각하라'를 '비교하라'라는 의미로 해석하면 예수님이 짊어졌을 인생의 피곤함을 나 자신이 처한 상황과 비교해 보라는 것입니다. 죄 없으신 예수님께서 이 땅에서 감당하셨던 피곤함과 죽으심을 지금 내가 겪고 있는 피곤함이나 탈진과 비교하면 어떻습니까? 아무것도 아닌 것입니다.

또 '생각하라'를 '묵상하라'라는 의미로 해석하면 주님의 십자가를 깊이 묵상하라는 것입니다. 고난주간 중에 있는 성금요일은 굿 프라이데이라고 불린다고 말씀드렸습니다. 하나님과 동등한 본체를 가지신 하나님의 아들 예수 그리스도께서 우리와 똑같은 사람이 되셨고, 피곤함을 경험하셨고, 십자가에 달려 보혈을 흘려 죽으셨습니다. 그리고 도저히 일어날 수 없는 사건을 믿음으로 받아들이는 자는 신분이 바뀌고 새로운 차원의 생명을 가지게 되었기 때문입니다.

이 사실을 깊이 묵상한다면 마음이 지치고 상하는 상황을 겪는 중에 모든 것을 포기하고 싶어질 때라도 힘을 낼 수 있습니다. "너 나보다 힘드니? 내가 다 안다."라고 위로 하시는 예수님 때문에 그 자리를 박차고 다시 일어날 수 있습니다. 그리고 이 과정에서 이사야 선지자가 에서 선포하는 말씀이 우리의 마음판인 심비에 새겨지고 우리 삶에 그대로 적용됩니다.

"너는 알지 못하였느냐 듣지 못하였느냐 영원하신 하나님 여호와, 땅 끝까지 창조하신 이는 피곤하지 않으시며 곤비하지 않으시며 명철이 한이 없으시며 피곤한 자에게는 능력을 주시며 무능한 자에게는 힘을 더하시나니 소년이라도 피곤하며 곤비하며 장정이라도 넘어지며 쓰러지되 오직 여호와를 앙망하는 자는 새 힘을 얻으리니 독수리가 날개치며 올라감 같을 것이요 달음박질하여도 곤비하지 아니하겠고 걸어가도 피곤하지 아니하리로다" (이사야 40:28-31)

모든 것을 참으신 주님을 깊이 묵상할 때 피곤한 자에게는 능력을 주시며 무능한 자에게는 힘을 더하시는 주님의 은총이 우리 모두에게 충만하게 임할 것입니다.

장차 우리에게 나타날 영광

둘째, 우리 주님이 부활의 영광을 약속하셨기 때문입니다. 역사 속에서 사형수들을 가장 고통스럽게 죽이는 사형틀인 십자가는 수치요, 부끄러움이요, 망신거리요, 구경거리입니다. 그런데 이 끔찍하고 모욕적인 죽음을 예수님께서는 사양하지 않으신 이유가 있습니다. 십자가 다음에 따라오는 부활의 영광을 알고 계셨기 때문입니다. 예수님은 죄와 사망의 고통을 이기시고 모든 인류를 죄에서 구원하실 영광을 항상 생각하셨습니다. 주님은 제자들을 향해서 고난과 십자가의 죽음을 말씀하실 때마다 죽음 사흘 후 부활의 영광이 있을 것이라는 말씀을 항상 덧붙여 말씀하셨습니다.

"이는 제자들을 가르치시며 또 인자가 사람들의 손에 넘겨져 죽임을 당하고 죽은 지 삼 일만에 살아나리라는 것을 말씀하셨기 때문이더라" (마가복음 9:31)

부활의 영광을 늘 염두에 두셨기 때문에 그 참혹한 십자가를 지시면서도 절대로 낙심하거나 절망하지 않으셨습니다. 잘 생각해 보십시오. 그리스도를 믿음으로 구원받은 우리의 신분이 무엇입니까? 부활하신 주님이 다스리시고 소유하시는 하나님의 아들, 딸입니다. 하늘과 땅의 권세를 다 가지신 주님! 장차 이 세상을 심판하시고 모든 인류의 불행을 행복으로 바꾸어 놓으실 주님! 모든 인생의 한숨과 원한을 풀어주실 주님! 그 주님을 모시고 사는 특별한 신분을 가진 자들이 바로 오늘 이 종려주일에 예배하는 우리입니다. 왜 한숨을 쉽니까? 왜 절망합니까? 사망 권세를 모두 깨뜨리시고 부활하신 주님을 생각하면 낙심할 이유가 하나도 없습니다.

주님이 준비하신 영광의 나라로 들어가면 내가 세상에서 얼마나 성공했느냐 하는 것은 아무런 가치가 없습니다.

이 땅에서 겪는 좀 힘든 일, 어려운 가정환경 등의 것들 때문에 낙심하고 스트레스 받을 이유가 하나도 없습니다. 영원토록 주님과 함께 누릴 영광은 세상의 모든 어려움이 눈 녹듯 녹고 씻겨버릴 만큼 그 무엇과도 비교할 수 없습니다. 그래서 바울은 이렇게 선언합니다.

"성령이 친히 우리의 영과 더불어 우리가 하나님의 자녀인 것을 증언하시나니 자녀이면 또한 상속자 곧 하나님의 상속자요 그리스도와 함께 한 상속자니 우리가 그와 함께 영광을 받기 위하여 고난도 함께 받아야 할 것이니라 생각하건대 현재의 고난은 장차 우리에게 나타날 영광과 비교할 수 없도다" (로마서 8:16-18)

지금 고난을 받고, 힘들고, 낙심할 만한 일은 앞으로 하나님의 자녀로서 누릴 영광스러운 것과는 절대로 비교할 수 없다는 말입니다. 이 진리를 믿지 않으면서 신앙생활을 하는 사람만큼 어리석고 불쌍한 사람은 없습니다. 우리가 무엇 때문에 모여서 예배를 드립니까? 무엇 때문에 한 번 흘러가면 절대로 잡을 수 없는 아까운 시간을 흘려보냅니까? 영광의 주님이 천국에서 나를 안아주시면서 내가 흘린 모든 눈물을 닦아 주시는 그때를 확실히 믿기 때문입니다. 분명히 그 일은 사실로 나타날 것이기 때문입니다.

삶 속에서 예수님을 생각하라

그러므로 우리가 다시 마음속에 각인해야 할 것은 이것입니다. 십자가에 달리신 예수님을 생각하는 것입니다. 그리고 오늘만이 아니라 힘들고 지칠 때, 방황하고 외로울 때, 주변에 아무도 없다고 느낄 때, 도무지 가망이 보이지 않을 때도 하나님의 말씀을 깊이 묵상하는 것입니다. 이것이 주님이 달리신 십자가가 우리에게 주는 효력입니다.

삶 속에서 말씀을 묵상하면서 예수님만 생각해 보신 적이 있습니까? 만약 그런 시간이 없었다면 당연히 피곤할 수밖에 없습니다. 순간순간 힘들고 지칠 때마다 하던 일을 멈추고 잠깐이라도 예수님을 생각해 보십시오. 5초도 좋고, 10초도 좋고, 1분도 좋습니다. TV 앞에 앉아있는 시간을 좀 줄이고, 스마트폰에 몰입하는 시간을 좀 줄이고, 의미 없이 멍하게 흘려보내는 시간을 좀 줄이고 예수님을 생각해 보십시오. 또 일주일에 예수님에 대해 생각할 수 있는 시간을 따로 구별해서 떼어 놓아 보시기를 바랍니다. 5분도 좋고, 10분도 좋고, 1시간도 좋고, 2시간도 좋습니다. 다시 우리 주님 십자가 앞에 서는 귀한 시간을 가질 때 주님께서 인생의 무게로 지친 영혼에 새 힘을 주시는 은혜를 경험하실 수 있을 것입니다.

삶 속에서 예수님을 생각하면서 나의 치유와 회복을 위해 모든 고난을 경험하시고, 십자가에 달려 죽으신 주님이 내 안에 들어오시는 역사가 일어나기를 소원합니다. 주님이 고난 중에 바라보신 부활의 영광이 바로 장차 내가 경험할 영광인 것을 확실하게 깨닫고 새 힘을 얻는 귀한 은혜가 임하기를 축복합니다. 모두가 힘들고 지친 상황이지만 그 속에서 예수님을 바라보고 말씀을 묵상하며 깊이 기도하는 나로 인하여 다른 이들이 새 힘과 새 소망을 얻는 기적을 경험하기를 소원합니다. 부활의 기쁨과 생명을 증거하는 증인들이 되십시오.